王晓慧 编著

引领

首都北京全国文化中心与文化体系建设

北京联合出版公司

图书在版编目（CIP）数据

引领：首都北京全国文化中心与文化体系建设 / 王晓慧编著. -- 北京：北京联合出版公司，2020.7
ISBN 978-7-5596-3715-4

Ⅰ.①引… Ⅱ.①王… Ⅲ.①区域文化—文化中心—建设—研究—北京 Ⅳ.①G127.1

中国版本图书馆CIP数据核字（2019）第210710号

Copyright © 2020 by Beijing United Publishing Co., Ltd.
All rights reserved.
本作品版权由北京联合出版有限责任公司所有

引领：首都北京全国文化中心与文化体系建设

编　　著：王晓慧
出 品 人：赵红仕
出版监制：刘　凯　马春华
责任编辑：闻　静
装帧设计：聯合書莊

北京联合出版公司出版
（北京市西城区德外大街83号楼9层　100088）
北京联合天畅文化传播公司发行
北京华联印刷有限公司印刷　新华书店经销
字数138千字　710毫米×1000毫米　1/16　11.5印张
2020年7月第1版　2020年7月第1次印刷
ISBN 978-7-5596-3715-4
定价：45.00元

版权所有，侵权必究
未经许可，不得以任何方式复制或抄袭本书部分或全部内容
本书若有质量问题，请与本公司图书销售中心联系调换。电话：（010）64258472-800

目 录

第一章 首都北京全国文化中心建设的重要意义 　　1

一、增强北京作为首都的政治建设 　　2
 （一）首都北京全国文化中心建设有利于增强"四个意识" 　　3
 （二）首都北京全国文化中心建设有利于落实"首都城市战略" 　　5
 （三）首都北京全国文化中心建设有利于完善"首都功能" 　　8

二、引领中国特色社会主义文化建设 　　10
 （一）首都北京全国文化中心建设有利于传承中华文化精髓 　　11
 （二）首都北京全国文化中心建设有利于弘扬社会主义先进文化 　　13
 （三）首都北京全国文化中心建设有利于维护国家文化安全 　　16

三、提升国家对外开放的文化软实力建设　　18
　（一）首都北京全国文化中心建设有利于夯实
　　　　国家文化软实力根基　　19
　（二）首都北京全国文化中心建设有利于推
　　　　进当代中国价值观念的传播与交流互鉴　　21
　（三）首都北京全国文化中心建设有利于展
　　　　示中华文化的独特魅力　　23

第二章　首都北京全国文化中心建设的目标与任务　　27

一、中国特色社会主义先进文化之都　　28
二、中国特色社会主义创新发展之都　　33
三、中国特色社会主义对外开放之都　　38
四、全球文化中心城市　　44

第三章　坚持马克思主义指导作用，弘扬中华文明与引领时代潮流　　51

一、增强迈向中华民族伟大复兴大国首都的
　　文化魅力　　52
　（一）首都北京作为全国文化中心的历史考
　　　　察和主要成绩　　52

（二）繁荣兴盛北京文化，使其成为首都　　　　55
　　　　　发展的鲜明特色

二、把首都北京全国文化中心建设融入"四个　　　57
　　伟大"实践之中
　　（一）"四个伟大"的提出及其内涵和意义　　　57
　　（二）首都北京全国文化中心建设是"四个　　　60
　　　　　伟大"的具体要求和自觉实践

三、推进首都北京全国文化中心的创新体系建设　　66
　　（一）构建国家文化创新体系，增强北京全国　　66
　　　　　文化中心创新体系能力
　　（二）坚持文化创新、科技创新"双轮驱动"，　　70
　　　　　建设先进文化引领阵地和马克思主义
　　　　　坚强阵地

第四章　以社会主义核心价值观为引领，　　　75
　　　　　建设中国特色社会主义首善之区

一、将以爱国主义为核心的中华民族精神教育　　　76
　　制度化
　　（一）爱国主义的科学内涵及其时代要求　　　　76
　　（二）爱国主义教育是首都北京推进中华民族　　79
　　　　　精神教育的核心

二、全面加强首都文明建设　　　　　　　　　　　83
　　（一）推动首都北京新时代精神文明建设开　　　83
　　　　　创新局面

（二）生态文明建设是首都北京精神文明建　　87
　　　　　设的题中应有之义

三、全面推进新型首都公民素质建设　　92
　　（一）首都道德素质建设是提高新型首都北　　92
　　　　　京公民素质的基础工程
　　（二）党员干部道德建设是首都北京公民素　　96
　　　　　质建设的关键环节

四、发展中国特色、首都特点的大众文化体系　　99
　　（一）以社会主义先进文化推动首都北京大　　99
　　　　　众文化健康发展
　　（二）尊重大众创造，尊重差异，筑牢首都北　　103
　　　　　京市场经济的文化基础

第五章　推进科技与文化融合发展，　　107
　　　　　全面构建文化创新体系

一、深化文化体制改革，完善首都北京文化领域　　108
　　管理与治理体系
　　（一）进一步创新文化体制机制，加快转变首　　108
　　　　　都北京文化管理方式与职能
　　（二）创新公共文化服务体制机制，构建首都　　112
　　　　　北京现代公共文化服务治理体系

二、加快高新技术产业发展和文化领域供给侧结构性改革 ... 117

（一）完善首都北京文化与科技、金融、旅游等产业融合发展的机制和体系 ... 117

（二）深化首都北京文化供给侧结构性改革，积极培育文化产业发展新动能 ... 121

三、进一步增强首都北京文化创意产业的战略性支柱产业地位 ... 125

（一）围绕首都北京城市战略规划，进一步优化文化创意产业的体系和平台 ... 125

（二）推动首都北京文化创意产业转型升级，加快建设文化创意产业引领区 ... 131

第六章 坚持以人民为中心，加强公共文化服务体系建设 ... 137

一、完善文化政策法规建设，推动文化建设法治化 ... 138

（一）着力完善文化经济政策，增强首都北京文化整体实力和竞争力 ... 138

（二）严格执行文化法律法规，促进首都北京文化市场健康有序发展 ... 142

二、增加文化产品有效供给，提高文化服务水平 ... 145

（一）创新首都北京文化产品生产机制，坚持产品服务供给运营并重 ... 145

（二）增强公共文化产品市场供给，提升首都 　149
　　 北京公共文化服务能力

三、加强城乡文化交流，健全城乡文化体系 　153
（一）加强美丽乡村建设，展示发掘首都北京 　153
　　 历史文脉，推进文明乡风
（二）建立高质量、供需对接、覆盖城乡的公 　157
　　 共文化服务一体化

四、推动文化"走出去"，提升首都北京国际影 　161
　　 响力
（一）立足国际交往中心功能，展示首都北京 　161
　　 文化魅力和当代中国优秀文化
（二）提高首都北京文化软实力，增强国际话 　165
　　 语权，扩大中华文化的影响力

参考文献 　171

第一章　首都北京全国文化中心建设的重要意义

习近平总书记在党的十九大报告中指出:"文化是一个国家、一个民族的灵魂。文化兴国运兴,文化强民族强。"自北京成为新中国的首都以来,全国文化中心一直是其重要的首都功能。北京作为全国的文化中心,对内增强文化自信,对外展示国家文明形象,对全国文化建设起着示范、引领和方向标的作用。党的十八大以来,按照中共中央决策部署,在北京市委、市政府的坚强领导下,全市高举中国特色社会主义伟大旗帜,以马克思列宁主义、毛泽东思想、邓小平理论、"三个代表"重要思想、科学发展观、习近平新时代中国特色社会主义思想为指导,秉持高度的文化自觉和文化自信,坚持首善标准,坚持社会主义核心价值观引领,坚持走中国特色社会主义文化发展道路,奋力开创和发展首都文化建设的新局面,为建设社会主义文化强国做出了应有贡献。加强全国文化中心建设,是履行首都北京职责、建设中国特色社会主义首善之区、模范之地、创新之城的必然要求,是落实首都城市战略定位、加快建设国际一流和谐宜居之都、推动社会主义文化大发展大繁荣的重大战略举措。党的十八大报告指出,"文化是民族的血脉,是人民的精神家园"。北京全国文化中心建设是把习近平新时代中国特色社会主义思想和习近平总书记对北京重要讲话精神贯彻落实到首都现代化建设全过程、发挥首都优势、树立表率作用不可或缺的重要组成部分。站在中国特色社会主义新时代的历史起点上，夺取全面建成小康社会决胜阶段的伟大胜利，实现第一个百年奋斗目标和中华民族伟大复兴，发挥首都北京全国文化中心示范作用，进一步提升文化建设整体水平，增强首都文化软实力，激发文化创新创造活力，推动经济社会可持续发展，首都北京全国文化中心建设具有极其重要的战略意义。

一、增强北京作为首都的政治建设

如果说城市是一定地域范围内的社会政治经济文化中心，是社会生产力发展到一定阶段的产物，在国家和地区发展中起着主导作用，那么，首都则是一个国家的社会政治经济文化中心。首都发展方向的确定和发展水平的高低，是一个国家发展和强盛的重要标志。1949年新中国成立后，北京成为中华人民共和国的首都，它作为全国政治中心的地位便自然而然地应运而生，政治中心的地位赋予了北京更多的首都功能和核心功能，同时也承担着国家对于其发展、引领等方面的各项要求。悠久的历史、灿烂的文化、活跃的创新科技是北京城市发展的重要基石，它是一座具有3000多年建城史、850多年建都史的历史文化名城，汇聚着中国优秀的历史文化，拥有全国顶级的科研人才和院校，300多家国家级科技创新基地，具有巨大的文化发展创新的空间和潜力。因此，可以说，首都北京进行全国文化中心建设的首要意义，就是通过打造自身全国文化中心地位，不断巩固全国政治中心的优势和功能，进一步增强北京作为首都的政治建设和核心地位。

（一）首都北京全国文化中心建设有利于增强"四个意识"

作为首都，北京城市性质的确定和功能的演变与中国其他城市相比具有比较特殊的一面，主要表现在，它不仅要反映新中国成立以来城市不同发展阶段经济社会发展的背景、环境及要求的变化，而且还要与各个发展阶段国家的大政方针，特别是中央对北京的要求紧密相连。[1]除此以外，作为中华人民共和国的政治中心，北京还要为中央党政军领导机关提供优质服务，严格规划高度管控，治理安全隐患，以更大范围的空间布局支撑国家政务活动，全力维护首都政治安全，保障国家政务活动安全、高效、有序地运行。全国政治中心的定位决定了文化中心建设的发展方向和主要建设内容，首都北京的全国文化中心建设亦能够促进不断增强首都的国家政治中心的地位。当前是北京市落实首都城市战略定位、加快建设国际一流和谐宜居之都的关键阶段，北京要以做好全国文化中心建设为抓手，增强"四个意识"。

第一，"看北京首先要从政治上看"[2]。从政治上看，首要的、第一位的是要带头树立"四个意识"，即牢固树立政治意识、大局意识、核心意识、看齐意识。北京市委书记蔡奇强调：要"提高政治站位，对党绝对忠诚，一切听从以习近平同志为核心的党中央指挥"。[3]北京是首都，要带头树立、增强"四个意识"，要做政治上的"明白人"，

---

[1] 北京卷编辑部：《当代中国城市发展丛书·北京》（上），当代中国出版社2011年版，第302页。

[2]《以习近平总书记重要讲话为根本遵循 带头以"四个意识"做好首都工作》，《北京日报》2017年6月20日。

[3]《以习近平总书记重要讲话为根本遵循 带头以"四个意识"做好首都工作》，《北京日报》2017年6月20日。

自觉把维护习近平总书记的核心地位作为最大的政治和首要的政治纪律，始终在思想上、政治上、行动上同以习近平同志为核心的党中央保持高度一致，坚决维护党中央权威和集中统一领导，切实做到党中央提倡的坚决响应、党中央决定的坚决执行、党中央禁止的坚决不做，确保党中央政令在北京畅通，确保党的路线方针政策和决策部署不折不扣落到实处。首都北京全国文化中心建设要基于社会主义文化建设需要，以增强"四个意识"为指导，进一步把思想和行动统一到党中央对北京的要求和定位上来。

第二，新形势对北京提出了新要求。首都北京正处于发展关键期，在文化建设方面，既有重要机遇，又面临挑战与考验，例如，服务国家和全市中心工作，凝聚思想共识，加强社会主义核心价值观，提升全市文化发展的质量和水平等任务更加艰巨。习近平总书记系列重要讲话、治国理政新理念新思想新战略及对北京工作的重要指示等，为北京全国文化中心建设提供了有利机遇，也提出了更高要求。首都北京全国文化中心建设要在党中央的领导下，坚持思想引领，以马克思主义为指导，以社会主义核心价值观引领思想理论、文学艺术、新闻传播、文化科技创新等各个领域，推出更多代表国家形象、首都形象的优秀文化成果，全市人民理想信念进一步坚定，走中国特色社会主义道路的自觉性进一步增强，首都作为思想引领高地、价值观高地和道德高地的地位进一步巩固和发展，从而推动北京的经济社会持续健康发展、经济发展质量不断优化，进一步彰显大国首都的形象和实力。

第三，首都北京全国文化中心建设有利于不断增强"四个意识"，最重要的是首都北京建设全国文化中心的各项任务落实过程中能够充分体现"四个意识"。坚持和增强"四个意识"，需要体现到工作中、落实到行动上。在全市统筹推进"五位一体"总体布局和协调推进"四个全面"战略布局基本任务之上，充分发挥首都全国文化中心的凝聚荟萃、辐射带动、创新引领、展示交流和服务保障等各项功能，提高在坚持首都城市战略定位、有序疏解非首都功能、规划建设城市副中心、推动京津冀协同发展等全局性、战略性问题上的思想认识，并且形成行动自觉。更重要的是，要在这一过程中坚持以习近平总书记视察北京重要讲话精神为根本遵循，坚持社会主义文化导向，以意识形态建设统领全国文化中心建设，推动北京建设全国文化中心增强北京的政治中心定位，不断给北京更多的发展空间，从而确保到2035年，把北京建设成为中国特色社会主义先进文化之都、大国之都，文化国际影响力显著提升，确保北京实现成为世界历史文化名城、世界文脉标志的宏伟目标。

（二）首都北京全国文化中心建设有利于落实"首都城市战略"

经过70多年的发展，北京完成了从1958年提出的全国政治中心、文化教育中心、现代化工业基地和科学技术中心到2014年提出的全国政治中心、文化中心、国际交往中心、科技创新中心的城市定位的重大转变，确立了深入实施人文北京、科技北京、绿色北京战略和把北京建成国际一流的和谐宜居之都的首都城市战略定位。2017年9月13日，中共中央、国务院在对《北京城市总体规划（2016年—2035年）》的批复中指出："北京城市的规划发展建设……要在《总体规划》的指导下，明确首都发展要义，坚持首善标准。"首都城市战略是新时代首都的职责使命，既要从党和国家工作大局出发对首都发展进行谋划，也要体现并着眼于首都的优势和特点，力争实现首都的城市性质和核心功能。首都北京城市性质和功能的实现、北京城市总体规划与首都城市战略紧密相连。作为首都核心功能的集中体现之一，首都北京建设全国文化中心有利于落实"首都城市战略"。

第一，坚持北京城市性质和功能定位是"首都城市战略"实施的前提。城市性质是一座城市区别于其他城市的显著特征之一，是确定城市建设方针、指导城市各项事业发展的基本依据，它决定着城市发展的方向。[1] 新中国成立以来，北京紧紧围绕国家建设和发展要求，先后提出、制定了八次城市规划方案或城市总体规划。[2] 从北京城市总体规划制定的历史沿革来看，北京的城市建立和发展，基本上是根据中央的要求制定城市规划，根据城市规划框架进行统筹发展，符合首都城市的性质和功能定位。经过不断发展、完善和逐步丰富，在2017年9月29日发布的、最新的《北京城市总体规划（2016年—2035年）》中，明确提出新时期的北京城市性质和功能定位，即"北京城市战略定位是全国政治中心、文化中心、国际交往中心、科技创新中心"。新时期的首都城市战略定位对首都工作和首都发展提出了更高的要求。

第二，北京作为全国文化中心是"首都城市战略"的内在要求。从北京城市总体规划制定的历史沿革来看，北京作为政治中心和文化中心这两个方面的定位一直贯穿于历次北京城市总体规划确立的首都

---

[1] 北京卷编辑部：《当代中国城市发展丛书·北京》（上），当代中国出版社2011年版，第302页。

[2] 前七次可参考北京卷编辑部：《当代中国城市发展丛书·北京》（上），当代中国出版社2011年版，第302~320页；第八次为2017年9月颁布的《北京城市总体规划（2016年—2035年）》。

性质和定位之中。[1] 1983年7月，中共中央、国务院对《北京城市建设总体规划方案》进行批复，首次提出北京作为"国家级历史文化名城"的定位，不再提"经济中心"和"现代化工业基地"，强调了北京作为全国文化中心的性质，高度重视科学、教育、文化、高新技术等在首都城市发展中的重要地位和重要作用。1993年发布的《北京城市总体规划（1991年—2010年）》提出"北京是伟大的社会主义中国的首都、全国的政治中心和文化中心、世界著名的古都和现代国际城市"，2005年发布的《北京城市总体规划（2004年—2020年）》提出"北京是中华人民共和国的首都，是全国的政治中心、文化中心，是世界著名古都和现代国际城市"，这些论断也都充分说明北京城市文化建设、文化保护、文化传承在首都战略发展中的重要地位和作用，进一步巩固了北京作为全国文化中心的定位。

第三，发挥北京全国文化中心示范作用，推动首都全面协调可持续发展。党的十八大以来，国家的软实力显著增强，国际影响力不断上升，中华文化的影响更加广泛深入。全市人民秉持高度的文化自觉和文化自信，坚持中国特色社会主义文化发展道路，开创了首都文化建设新局面，文化繁荣发展成为首都科学发展的鲜明特色，全国文化中心的风向标和示范引领作用日益彰显，在推动建设社会主义文化强国和促进首都经济社会发展过程中做出了重要贡献。全国文化中心建设在首都全面发展的各个领域和层面都得到更为深刻、更为全面的

---

[1] 在1973年提出的《北京市建设总体规划方案》中，把北京城市建设和发展的定位归纳为"具有现代工业、现代农业、现代科学文化和现代城市设施的清洁的社会主义首都"。这里虽然只提到了"现代科学文化"，没有直接点明"全国文化中心"，但是这一方案从规划制定层面和国家性质层面而言，对于首都北京引领社会主义文化方面的要求依然存在。

体现。"十三五"时期,北京着眼于新的历史时期首都发展的新要求,充分发挥全国文化中心示范引领作用,出政策、建机制、搭平台、推精品、育人才,在提升文化创新力、增强文化服务力、扩大文化影响力、夯实文化传承力等方面取得了良好成效,进一步强化了首都城市战略的定位。

(三)首都北京全国文化中心建设有利于完善"首都功能"

北京的城市功能指北京市在国家和区域中所起的作用、所承担的分工,是保障北京市正常运行所发挥的作用和功效,[1]关系着"怎样建设首都""如何建设首都"的问题。从首都北京的发展历程与现实角度来看,全国政治中心、文化中心、国际交往中心和科技创新中心是它的核心功能,首都的其他功能都要围绕这四个核心功能展开,因此,所有的首都功能都要坚持"四个中心"的城市战略定位,履行为中央党政军领导机关工作服务、为国家国际交往服务、为科技和教育发展服务、为改善人民群众生活服务的基本职责。同时,全国文化中心这一中心定位作为软实力,也贯穿于其他三个中心之中,将其他三个中心凝结在一起,形成四个核心定位系统,架构新时期首都战略发展的新格局。换句话说,首都北京全国文化中心建设有利于完善"首都功能",是指通过"有所为""有所不为",以文化软实力促进首都核心功能的提升,推进功能优化提升,努力形成优良的政务环境和人居环境,充分展现大国首都形象和城市魅力。

第一,无论从北京的国家首都性质,还是北京经济社会的发展重

---

[1] 北京卷编辑部:《当代中国城市发展丛书·北京》(上),当代中国出版社2011年版,第302页。

点来看，北京全国文化中心建设都是极其重要的首都核心功能之一。北京的城市性质决定了要从党和国家事业发展的高度，以大历史观、大规划格局来谋划"首都功能"，全国文化中心建设要超越普遍意义上的城市文化范畴，体现国家文化的价值导向及其发展方向，体现中国特色社会主义文化的优势和特长，在国际文化格局中以此来展示中国文化的话语权。这是中国首都全国文化中心建设的题中应有之义。随着创新驱动成为促进经济社会发展的重要指标，科技创新对于文化建设的重要性越来越突出，因此，发挥科技创新力量是当前和未来实现首都功能的关键途径。北京市委书记蔡奇曾强调："北京的发展就寓于'四个中心'功能建设和'四个服务'之中。对北京来说，减量发展是特征，创新发展是出路，而且是唯一出路。我们要充分发挥科技创新的引领作用。"[1]因此，北京全国文化中心建设是完善首都功能不可或缺的必要手段。

第二，以北京全国文化中心建设全方位拓展京津冀协同发展的深度和广度。从2014年2月起，党中央将京津冀协同发展战略升级为重大国家战略。为适应经济发展新常态，实施京津冀协同发展战略，打造以首都为核心的世界级城市群、区域整体协同发展改革引领区、全国创新驱动经济增长新引擎、生态修复环境改善示范区，需要着力提升北京全国文化中心的功能和作用。以北京全国文化中心建设带动京津冀协同发展，需要进一步丰富和拓展全国文化中心建设的内涵，跳出北京地域性的单一文化发展范畴，从京津冀三地共有的文化资源入手，整合三地文化领域的要素、资本、人才、资源、政策等各方面优势，

---

[1]《以习近平新时代中国特色社会主义思想为指引，奋力开创首都发展更加美好的明天——中共北京市委书记蔡奇接受新华社记者专访》，新华网，2018年2月28日，http://www.xinhuanet.com/politics/2018-02/28/c_1122467789.htm。

尤其要重点发挥北京优质文化资源，特别是文化创新资源的辐射带动作用，促进京津冀范围内文化协同创新能力的整体提升，成为全国文化区域发展的新典范，加快以北京为核心的世界级城市群建设，打造中国经济发展新的支撑带。

第三，发挥全国文化中心示范引领作用，促进首都功能实现新的提升。文化是国家治理体系和治理能力现代化的重要组成部分，通过改革文化发展方式、增强文化供给、保护历史文化、文化产业与公共服务相结合等方式，可以提升城市的品质、能级和核心竞争力。发挥全国文化中心示范引领作用，进一步提升和完善首都功能，主要表现在以下四个方面。首先，发挥文化辐射带动功能，疏解非首都功能，优化城市空间布局，调整区域经济结构，促进形成京津冀区域一体化格局。其次，发挥文化凝聚荟萃功能，提高首都服务保障水平，增强中央政务活动服务保障能力，保障国家政务活动安全、高效、有序地运行。再次，发挥文化传播交流功能，提升国际交往人文环境，提升中国文化在世界文化中的影响力和作用。再次，发挥文化创新引领功能，创新合作模式，建设具有全球影响力的科技创新中心。最后，形成文化建设强大合力，把首都人民对美好生活的向往作为奋斗目标，整合推进全国政治中心、全国文化中心、国际交往中心、科技创新中心建设，使文化中心建设成为首都发展势能。

二、引领中国特色社会主义文化建设

习近平总书记在党的十九大报告中指出，"没有高度的文化自信，没有文化的繁荣兴盛，就没有中华民族的伟大复兴"，他又在2018年哲学社会科学工作座谈会上强调，"我们说要坚定中国特色社会主义道路自信、理论自信、制度自信，说到底是要坚定文化自信"。文化自信不是一个简单的文化口号，它事关国运兴衰、事关文化安全、事关民族精神独立性，是一个国家、一个民族、一个政党对自身文化价值的充分肯定，也是对自己文化生命力的坚定信念。中国特色社会主义是实现中华民族伟大复兴的必由之路，不但要有坚定的道路自信、理论自信、制度自信，而且要有坚定的文化自信。坚定的文化自信是道路自信、理论自信和制度自信的题中应有之义，而坚定中国特色社会主义道路自信、理论自信、制度自信，说到底也就是坚定文化自信。作为正在走向世界舞台中心的大国首都，北京必须坚定文化自信，秉持着对自身城市文化和历史文化的高度信心、对自身文化生命力和文化创造力的高度自信，发挥北京全国文化中心在全国范围内的引领示范、在世界范围内展示自信的积极作用，做示范、立标杆、树旗帜，引领中国特色社会主义文化建设，加快推进社会主义文化强国建设。

（一）首都北京全国文化中心建设有利于传承中华文化精髓

中华优秀传统文化是中华民族的根和魂，是中华文化自信的重要来源。习近平总书记在2018年哲学社会科学工作座谈会上讲话指出："文化自信是更基本、更深沉、更持久的力量。历史和现实都表明，一个抛弃了或者背叛了自己历史文化的民族，不仅不可能发展起来，而且很可能上演一场历史悲剧。"坚定文化自信，离不开对中华民族历史文化精髓的认知和运用，在5000多年文明发展中孕育的中华优秀传统文化，以及在党和人民伟大斗争中孕育的革命文化和社会主义先进文化，积淀着中华民族最深沉的精神追求和情感，代表着中华民族最独特的精神标识。坚定文化自信，也要以中华文化的发展繁荣为条件，一个没有精神力量的民族难以自立自强，人类社会的每一次跃进，人类文明的每一次升华，无不伴随着文化的历史性进步。因此，首都北京全国文化中心建设引领中国特色社会主义文化建设，根源之一就是全国文化中心建设能够传承中华文化精髓，促进中华文化的繁荣发展。

第一，中华优秀传统文化的继承和弘扬需要以马克思主义为引领。独特的文化传统、特殊的基本国情，决定中国必须走适合自己的发展道路。这条道路是马克思主义中国化的实践产物，是马克思主义普遍原理同中国具体实际和时代特征相结合的产物，具有鲜明的中华民族特色和独特的中华文化基因。马克思主义的传入为中国传统文化注入了新的生机和活力，使中华文化沿着民族的、科学的、大众的文化方向发展，增强了传统文化发展的内在驱动力。中华优秀传统文化是马克思主义中国化的本土文化之根，是马克思主义与中国实践相结合的本土文化土壤。因此，坚持马克思主义的指导地位需要进一步继承和弘扬中华民族优秀传统文化，二者是统一的，不仅不存在传统文化与马克思主义指导思想的对立和割裂，还应以马克思主义引领对中华优秀传统文化的继承和发扬，更好地发挥北京全国文化中心建设对优秀传统文化的促进作用。

第二，保护和弘扬北京丰富的历史文化遗产，延续和创新发展城市历史文化文脉，是全国文化中心建设的必由之路。北京是世界著名的历史文化名城，保护、挖掘北京历史文化名城的文化积淀，保护中华民族优秀文化遗产和优秀文化传统，是北京传统文化创新、发展的重要基础。全国文化中心建设能够推动北京在传统文化创新方面有所作为，使中华优秀传统文化基因与当代文化相适应、与现代社会相协调，通过传统文化在内容、形式、展示手段等方面的再创造，让传统文化在新时代散发出新的活力。通过北京全国文化中心建设，可以进一步处理好历史文化和现实生活、文化保护和利用的关系，让文化遗产融入城市生活，形成历史文化名城保护体系，使北京城市历史文脉成为展示首都北京城市精神和城市文化创造活动的有机载体，突显、展示和挖掘北京城市历史文化整体价值，增强"首都风范、古都风韵、时代风貌"的城市特色。

第三，北京全国文化中心建设能够弘扬传统道德文化，加强社会主义道德建设。社会主义道德建设根植于中华民族优秀的道德文化传统之中，从古至今，中华民族优秀道德文化一直是中国人民群众追求美好生活、维系良好社会关系、营造和谐社会氛围的全社会共同遵循的基本准则，这些准则形成一定的标准且延续至今，引导人们提高道德素质并形成向上、向善的强大力量。坚持和弘扬优秀传统道德文化，建设社会主义道德，培育和践行社会主义核心价值观，全面提高公民道德素质，是社会主义道德建设的基本任务。首都北京全国文化中心建设从坚定文化自信、坚持和发展中国特色社会主义的高度，加强传统道德文化的思想导向性，推动优秀传统道德文化基因和精髓在新时代中国特色社会主义背景下发挥更大的作用，以此来提升人们的精神境界，加强思想道德修养。

（二）首都北京全国文化中心建设有利于弘扬社会主义先进文化

习近平总书记在庆祝中国共产党成立95周年大会上强调："文化自信，是更基础、更广泛、更深厚的自信。在5000多年文明发展中孕育的中华优秀传统文化，在党和人民伟大斗争中孕育的革命文化和社会主义先进文化，积淀着中华民族最深层的精神追求，代表着中华民族独特的精神标识。"中国特色社会主义文化自信是中华民族精神自信的历史延续和升华，只有坚定文化自信，增强对社会主义先进文化的认同，才能增强对中国特色社会主义道路的认同。新中国成立以来，随着社会经济的发展和国家实力的增强，社会主义先进文化成为推动社会主义制度形成优越性的重要动力，它是党领导人民进行中国特色社会主义伟大事业取得的精神文明成果，具有鲜明的时代性、革命性、人民性等特征。北京全国文化中心建设是弘扬社会主义先进文化的必由之路。北京建设全国文化中心，能够加强对革命文化的学习和革命精神的传承，加强对社会主义核心价值观的理解和实践，激发人们的爱国热情，丰富人们精神文化生活，增强国家和民族的凝聚力和认同感，为全面建设社会主义现代化国家新征程汇聚能量，坚定沿着中国特色社会主义道路奋力前进。

第一，革命传统教育和红色文化创新是北京全国文化中心建设的重要组成部分。革命文化是党和人民在长期革命斗争实践中形成、凝聚着共产党人和革命群众独特思想和精神的文化，它蕴含着丰富的革命精神和厚重的历史文化内涵。革命文化在新中国的成立和建设中发挥了重要作用，新时期新形势下，革命文化依旧是我们文化自信的重要精神来源。北京全国文化中心建设，既可以集中全国最强的马克思主义的研究和宣传力量，深入挖掘和弘扬革命文化的价值与意义，使其成为坚定共产主义信念、增强爱国主义热情等革命传统教育的坚强思想来源，也可以挖掘、集聚京津冀地区的红色文化资源，发展红色旅游、红色创意产业、红色主题公园等，创新科技方式建设红色文化资源库、网上博物馆、网上纪念馆等，激发革命文化活力，升华中华优秀传统文化，进一步发展和弘扬社会主义先进文化。

第二，增强社会主义核心价值观凝聚力和引领力，建设先进文化引领高地是北京全国文化中心建设的重要思想基础。中国特色社会主义文化自信本质上是对中国特色社会主义自信，是对中国特色社会主义的信念和认同。[1] 社会主义先进文化的自信源自于马克思主义的指导，源自于中国特色社会主义的共同理想，源自于社会主义核心价值观。社会主义核心价值体系和社会主义核心价值观是社会主义先进文化的精髓，决定着中国特色社会主义的发展方向。通过北京全国文化中心建设，能够坚持用中国特色社会主义理论凝聚共识，巩固提升首都思想理论建设的引领导向作用，引导人们牢牢把握富强、民主、文明、和谐的国家层面价值目标，深刻理解自由、平等、公正、法治的社会层面价值取向，自觉遵守爱国、敬业、诚信、友善的公民层面价值准则，强化核心价值观的实践养成，努力建设培育践行社会主义核心价值观的首善之区。

第三，以爱国主义为核心的中华民族精神和以改革创新为核心的时代精神是北京全国文化中心建设的主要目标。文化自信离不开对中国优秀传统文化的承继，也离不开对党和人民伟大斗争中孕育的革命文化的学习，更离不开对爱国主义为核心的民族精神和改革创新为核心的时代精神等精神力量的弘扬。民族精神和时代精神是社会主义核心价值观的精髓，二者为社会主义核心价值观提供了价值目标，对社会主义核心价值观发挥着精神旗帜作用。弘扬民族精神和时代精神，加强北京全国文化中心建设，能够打造易于为国家层面和地区层面所理解和接受的北京概念、北京精神、北京榜样等，进一步构建北京理论，巩固提升北京的榜样、示范、引领作用，深化群众性精神文明创建，拓展公共文明引导行动，推动文化业态创新，培养市民的全

---

[1] 秦宣：《文化自信实质是中国特色社会主义自信》，《求是》2017年第8期。

面素质，提升城市文明程度，营造文明和谐优美的城市环境和向上向善、诚信互助的社会风尚。

（三）首都北京全国文化中心建设有利于维护国家文化安全

国家文化安全是主权国家安全体系的深层次内容，是社会制度、国家政权得以建立和维护的重要意识形态安全任务。当前，国际、国内的思想文化领域日益复杂，各种思想文化交锋频繁，我国国家安全面临着全球化、文化帝国主义及文化分裂主义等方面的严峻挑战和威胁，一些西方敌对势力把社会主义中国的发展壮大视为对其价值观和制度模式的挑战，一刻也没有停止对我国实施分化战略，加紧进行思想文化渗透。因此，加强中国特色社会主义文化建设，维护国家文化安全是其中一项十分重要的内容和目标。北京全国文化中心建设，能够更加重视并切实维护我国意识形态安全，保持中华文化先进性和中华文化的民族性、主体性，巩固民族文化根基，加强传统文化的创新和创造性发展，增强民族凝聚力与延续民族文化血脉，巩固国家文化安全体系，增强思想文化领域斗争的主动性，掌握主动权，积极应对和有效化解文化开放包容可能带来的风险，更好地维护国家文化安全。

第一，意识形态安全建设是我国国家文化安全的核心内容，是北京全国文化中心建设的有机组成部分。古今中外的任何政府都把维护既定的国家基本制度当作自己的首要职责，意识形态不仅是统治阶级统治合理性的理论依据，而且还具有维护国家政治制度的功能，是国家利益的体现。经过40余年改革开放的飞速发展，中国特色社会主义取得巨大成就，西方资本主义对我们的抵制和敌视变得愈演愈烈。因此新形势下，意识形态安全对于我国的中国特色社会主义建设的重要性愈加突出。北京建设全国文化中心,能够牢固坚持马克思主义在我国意识形态领域的指导地位不动摇,筑牢思想防线,把好各种准入关口,进一步增强防范意识,尤其能够加强网络意识形态阵地建设,积极占领和有效掌控网络思想文化阵地,切实维护我国的意识形态安全和国家文化安全。

第二,文化科技领域的创新是我国维护国家文化安全的重要载体,北京全国文化中心建设能够大力促进科技创新和文化产业创新。我国在科学技术研究、文化产业创新方面取得了举世瞩目的成就,一个非常重要的原因就是国家文化安全得到了巩固和增强。国家文化安全是科技进步和文化产业创新的重要保障。反过来,科技创新作为文化发展的重要引擎,是促进新型文化业态形成发展的核心动力,是国家文化安全的技术基础,能够进一步保障和维护国家文化安全。北京建设全国文化中心,能够从国家战略角度进一步促进提高文化科技创新水平,提高文艺作品的自主创新能力,推动优秀传统文化的创造性转化和创新性发展,建立以国家利益为最高利益的文化产业战略和文化业态创新体系,推进国家文化创新能力建设,构筑国家文化安全体系。

第三,北京全国文化中心建设能够增强中华民族凝聚力。民族凝聚力是一个民族在长期发展融合过程中逐渐自发形成的文化层面的内在力量,中华民族凝聚力自形成之日起,便内在地发挥着形成中华民族、巩固中华民族、复兴中华民族、壮大中华民族的历史性作用。[1]历史上,中华民族凝聚力最强的时期就是国家和民族兴旺发达、处于

---

[1] 吴祖鲲、王慧姝:《强化优秀传统文化认同 提升中华民族凝聚力》,《红旗文稿》2015年第9期。

上升发展的时期，而中华民族凝聚力降低甚至成为一盘散沙的时候，就是国家和民族灾难频仍、受到威胁的时期。这说明，民族凝聚力是中华民族克服困难、加快发展的强大精神动力。民族凝聚力也是我国综合实力的重要组成部分，它是树立文化自信和文化自觉的重要纽带，每当中华民族遇到灾难或陷入困难时，强大的民族凝聚力就会聚集起人民群众的智慧和力量，众志成城，万众一心，形成战胜灾害、克服困难的合力。北京建设全国文化中心，通过社会整合，深化中华民族文化认同，增强文化教育功能，提升自身凝聚力，用民族凝聚力增强文化自信，不断铸就中华文化新的辉煌。

三、提升国家对外开放的文化软实力建设

任何一个国家的发展都既包括国土资源、经济总量、军事力量等硬实力的提高，也包括价值观念、思想文化、国家形象等软实力的提高。文化软实力集中体现了一个国家的传统文化、价值观念、意识形态等文化因素对内发挥的凝聚力、动员力、精神动力和对外产生的渗透力、吸引力和说服力。文化是一个国家经济发展的"助推器"、政治文明的"导航灯"、社会和谐的"黏合剂"。习近平总书记强调，"提高国家文化软实力，关系我国在世界文化格局中的定位，关系我国国际地位和国际影响力，关系'两个一百年'奋斗目标和中华民族伟大复兴中国梦的实现"。[1] 北京市委书记蔡奇强调，

---

[1] 中共中央宣传部编：《习近平总书记系列重要讲话读本》，学习出版社、人民出版社2014年版，第23页。

"首都文化是大国文化,社会主义先进文化,要在建设国际一流的和谐宜居之都进程中,在中华民族伟大复兴进程中发挥应有的软实力作用,要把首都文化优势转化为首都发展优势"[1]。北京建设全国文化中心,能够着力弘扬中华优秀传统文化、传播当代中国价值观念、展现当代中国发展成就、体现人类共同价值追求、展示中华文化独特魅力、完整准确定位国家形象、努力提高中国国际话语权,进一步提升我国对外开放的文化软实力,推动我国文化建设不断取得新的成就。

(一)首都北京全国文化中心建设有利于夯实国家文化软实力根基

习近平总书记强调:"提高国家文化软实力,要努力夯实国家文化软实力的根基。要坚持走中国特色社会主义文化发展道路,深化文化体制改革,深入开展社会主义核心价值体系学习教育,广泛开展理想信念教育,大力弘扬民族精神和时代精神,推动文化事业全面繁荣、文化产业快速发展。"[2]北京市"十三五"规划指出,"文化是城市的灵魂和软实力。要坚持社会主义先进文化前进方向,树立高度文化自觉和文化自信,深化文化体制改革,增强文化创新活力,促进物质文明和精神文明协调发展"。因此,需要大力提高国家文化软实力建设,而且要"形于中"而"发于外"。北京全国文化中心建设,能够进一步深化文化体制改革,完善公共文化服务,健全公共文化服务体系,推动文化创意产业的融合与升级,提高北京文化创新水平,在实践中

---

[1]《做好首都文化这篇大文章 建设中国特色社会主义先进文化之都》,《北京日报》2017年8月19日。

[2] 习近平:《建设社会主义文化强国 着力提高国家文化软实力》,《人民日报》2014年1月1日。

和建设中培育文化根基，实现中华传统美德的创造性转化、创新性发展，不断推动国家文化软实力的提高。

第一，北京全国文化中心建设能够深化文化体制改革，确保国家文化软实力的"中国特色"。2013年11月12日中共十八届三中全会通过的《中共中央关于全面深化改革若干重大问题的决定》强调，深化文化体制改革要做到"四个坚持"，即"坚持社会主义先进文化前进方向，坚持中国特色社会主义文化发展道路，坚持以人民为中心的工作导向，坚持把社会效益放在首位、社会效益和经济效益相统一"。进行文化体制改革要紧紧围绕建设社会主义核心价值体系，牢牢巩固马克思主义在意识形态领域的指导地位。北京建设全国文化中心，要根据中央文化体制改革的总体部署，以习近平新时代中国特色社会主义思想和系列重要讲话精神为引领，牢牢把握文化改革发展的基本方向，深化文化体制机制改革创新，推动文化体制改革在新的起点上向纵深拓展，激发文化创新创造活力，促进文化事业和文化产业的发展繁荣。

第二，完善公共文化服务体系，提高现代化公共文化服务水平，是当前北京全国文化中心建设的重点工作。党的十八大将公共文化服务体系建设作为全面建成小康社会的重要内容，明确提出到2020年"公共文化服务体系基本建成"的战略目标；十八届三中全会将构建现代公共文化服务体系、促进基本公共文化服务标准化均等化作为全面深化改革的重点任务之一；党的十九大则进一步指出要完善公共文化服务体系，深入实施文化惠民工程，丰富群众性文化活动。针对中央的上述一系列要求，北京市委、市政府相继出台了一系列关于加强基层公共文化建设的意见、方案、标准、规范等，全面推进公共文化服务建设。北京建设全国文化中心，能够推动北京加快构建普惠性、保基本、均等化、可持续的现代公共文化服务体系建设，提供更高质量、供需对接的公共文化服务，率先建成公共文化服务体系，进一步增强人民群众的文化获得感和幸福感。

第三，北京全国文化中心建设的关键在于发挥科技文化的创新优势，增强文化创新活力，提高文化创新力。"激发全民族文化创新创造活力""坚持创造性转化、创新性发展，不断铸就中华文化新辉煌"，体现了新时代中华文化发展的新目标、新理念。科技文化创新是当代文化创意经济蓬勃兴起中形成的文化发展新理念的集中体现，基础在于文化，关键在于创造性转化、创新性发展。当前我国的文化科技领域虽然取得了长足进步，但科技文化创新的优势发挥得还不够。北京建设全国文化中心，能够进一步深化科技文化创新，把创新放在文化改革发展的核心位置，发挥首都在高新技术、科技人才、文化智慧和资源等方面的诸多优势，推动文化创新和科技创新的深度融合，让二者"双轮驱动"，成为首都文化繁荣、文化事业和文化创意产业发展的内在动力，推动北京成为国家文化创新发展的策源地。

（二）首都北京全国文化中心建设有利于推进当代中国价值观念的传播与交流互鉴

每个时代有每个时代的精神，每个时代有每个时代的价值观念。当代中国价值观念就是指中国特色社会主义价值观念，它代表了中国先进文化的前进方向。新中国成立70多年的历史证明，我国成功走出了一条中国特色的社会主义道路，我们的道路、理论体系、制度是成功的。中国特色社会主义文化就是当代中国的价值理念，就是秉承和坚持中国的文化立场，立足于当代中国的文化发展现状，思考和解决当代中国人关心的文化问题，提出的中国特有的文化方案。北京全国文化中心建设能够"讲好中国故事、传播好中国声音、阐释好中国特色",把当代中国的价值观念更好地融进"中国故事"当中,把对中国梦的宣传和阐释与当代中国价值观念紧密地结合起来,把当代中国价值观念贯穿于国际交流和对外传播的方方面面,努力传播当代中国的价值观念,向国内外展示中国特色的社会主义先进文化。

第一,北京全国文化中心建设能够推动传播当代中国的价值观念,搭建传播平台和载体,构建互联网时代下的现代传播体系。随着信息技术的快速发展,舆论在国家发展中的影响作用越来越显著,搭建与我国经济社会发展水平和国际地位相称的现代传播平台和载体,构建覆盖广泛、技术先进且符合中国社会主义特色文化的现代传播体系,打破西方媒体垄断格局,建立新的国际传播秩序,不仅是传播当代中国价值观念的重要手段,也是提高国家文化软实力不可或缺的重要组成部分。北京建设全国文化中心,能够充分发挥北京地区传统和新兴媒体资源集聚的独特优势,加强网络报刊、网络广播电视、移动多媒体等新兴领域和新兴传播阵地建设,加强现代文化传播能力、新媒体发展能力,提高新闻舆论引导力、传播力、公信力、影响力,推动当代中国的价值观念传播到世界各地。

第二,北京全国文化中心建设能够讲好"中国故事",阐释中国特色,体现当代中国价值观念。只有讲好中国故事,才能赢得人民群众的信任,才能彰显当代中国价值观念,也才能树立好中国国家形象。中华民族文化是当前最具有国际竞争力的文化,有中华文化特色的优秀传统文化是讲好中国故事最核心的内容。北京建设全国文化中心,能够有效推动中华优秀传统文化的传承与创造性转化,推动产生更丰富、代表中国特色的好故事。讲好中国故事,传播好中国声音,还要打造融通中外的新概念、新范畴和新表述。作为世界著名的历史文化名城，北京城是北京文化、中华文化、世界文化的集合体，其文化总体构成丰富又多维，北京全国文化中心建设能够根据不同国家和地区的受众特点，建立新的对外话语体系，增强中国故事的吸引力和感染力，从而提升中华文化在国际上的感召力和影响力。

第三，北京全国文化中心建设能够阐释好中国梦，增进国际社会对中国道路、中国理论、中国制度的理解和认同。习近平总书记用"三个必须"勾画了实现中国梦的具体路径，即实现中国梦必须走中国道路，实现中国梦必须弘扬中国精神，实现中国梦必须凝聚中国力量。[1]而阐释好中国梦、解读好中国梦就要深刻阐释中国梦的价值内涵，围绕国家富强、民族振兴、人民幸福三个维度，讲清楚中国梦蕴涵的中国特色、民族风格、文化底蕴。北京建设全国文化中心，能够从顶层设计出发，统筹宣传资源，设置好中国梦的对外阐释和权威解读，通过创新话语体系和叙事方式，生动阐释中国梦与每一名普通中国人之间的关系。此外，阐释好中国梦还需要发挥新兴媒体和网络媒体的作用，而北京全国文化中心建设能够推动传统媒体和新兴媒体的融合发展，运用新技术创新媒体传播方式，有效运用网络平台传播中国梦。

（三）首都北京全国文化中心建设有利于展示中华文化的独特魅力

中华文化是提高国家文化软实力最深厚的源泉。习近平总书记指出："提高国家文化软实力，要努力展示中华文化独特魅力。"[2]在

---

[1]《习近平在第十二届全国人民代表大会第一次会议上的讲话》，《人民日报》2013年3月18日。

[2]习近平:《建设社会主义文化强国 着力提高国家文化软实力》，《人民日报》2014年1月1日。

5000多年的文明发展进程中，中华民族创造了博大精深的灿烂文化，理解这些文化，就需要使中华民族最基本的文化基因与当代文化相适应、与现代社会相协调，以人们喜闻乐见、具有广泛参与性的方式推广开来，把跨越时空、超越国度、富有永恒魅力、具有当代价值的文化精神弘扬起来，把继承传统优秀文化又弘扬时代精神、立足本国又面向世界的当代中国文化创新成果传播出去。[1] 新时代展示中华文化的独特魅力，就是弘扬中华文化的独特精髓，展现当代中国发展的巨大成就，体现人类共同价值追求。北京全国文化中心建设能够创新文化走出去战略的新理念新方法，探索文化走出去的新路径，统筹文化交流、文化传播、文化贸易，更好地展示"大国文化"，彰显民族自信。

第一，北京全国文化中心建设能够彰显面向全球、影响全球的当代中国创新文化。当代中国文化是"走出去"的文化，文化走出去战略是我国根据国家利益、顺应全球化经济文化发展趋势而提出的一项综合性的国家战略。实施文化走出去战略，是对世界文化软实力竞争日趋激烈的一种反思，也是中国文化自觉复兴的必然要求。文化走出去最根本、最核心、最具生命力的是中华文化的内容创新，也就是实现中国传统文化的现代转型和建设中国特色的现代新文化。北京建设全国文化中心，能够从国家层面创新文化走出去的新理念、新方法，明确文化走出去的主题、目标、内容，探索文化走出去的新路径；能够统筹规划政府和民间、海内外等各方面力量，集中国家优势资源，形成推动文化走出去的合力；能够将政府和市场有效结合，探索产业

---

[1] 张国祚：《学习领会习近平关于提高文化软实力的大思路》，《红旗文稿》2014年第20期。

化的文化走出去运作模式，培育优秀的中华文化品牌，增强文化走出去的可持续力。

第二，北京全国文化中心建设能够创造体现中国实力的"大国文化"，赢得国际话语权。中国的"大国文化"实际上是对中国文化身份的一种阐释。中国正在越来越多地参与国际事务，走进世界舞台中央，这就对我们的"中国形象"提出了更高的要求。习近平总书记指出："只要我们牢固树立人类命运共同体意识，携手努力、共同担当，同舟共济、共渡难关，就一定能够让世界更美好、让人民更幸福。"[1] 北京建设全国文化中心，能够在中国经济发展的基础上，站在中华民族伟大复兴新的历史起点上，进行新的自我文化身份确认，建立自己的文化自信和文化自觉，在国际事务中展示东方文化的独特形象，正确认识中国在世界中的重要地位。

第三，北京全国文化中心建设能够维护文化多样性，促进世界文化繁荣，构建人类共同体。党的十九大报告指出，"要尊重世界文明多样性，以文明交流超越文明隔阂、文明互鉴超越文明冲突、文明共存超越文明优越"。2017年12月1日，习近平总书记在中国共产党与世界政党高层对话会上发表主旨讲话，他说："中华民族历来讲求'天下一家'，主张民胞物与、协和万邦、天下大同，憧憬'大道之行，天下为公'的美好世界。……世界各国人民应该秉持'天下一家'理念，张开怀抱，彼此理解，求同存异，共同为构建人类命运共同体而努力。"不同国家、不同民族、不同文化之间沟通交流，在和而不同中取长补短，在求同存异中相得益彰，是推动人类文明进步的持久

---

[1]《习近平出席世界经济论坛2017年年会开幕式并发表主旨演讲》，《人民日报》2017年1月18日。

动力。北京建设全国文化中心，能够贡献东方智慧，施展中国文化方案，以中华文化对世界的新贡献维护文化的多样性，促进不同文明、不同社会制度和发展道路的国家之间相互交流、和谐共处，对于增进互信与友谊、消除偏见与误解、推动世界和谐、促进世界文化繁荣和人类文明进步等具有独特的贡献。

第二章　首都北京全国文化中心建设的目标与任务

北京全国文化中心建设经历了一个长期的发展过程。1949年中华人民共和国成立后，北京的文化建设和发展是在新中国确立的社会主义制度下的文化建设和发展，是中国社会主义建设和发展历程中的文化建设和发展，尤其是改革开放以来，北京的文化建设和发展是中国特色社会主义制度下的文化建设和发展，是延续和弘扬中华优秀传统文化和首都文化需要的建设和发展。北京作为全国文化中心的发展是历史的，也是现实的。党的十八大以来，习近平总书记多次视察北京，对北京全国文化中心建设提出了更高的要求并指明了发展方向。北京建设全国文化中心是坚持中国特色社会主义文化道路的关键环节，也是把习近平新时代中国特色社会主义思想贯彻落实到首都现代化建设全过程、发挥首都优势、树立表率作用不可或缺的重要一步。当前，我们处于全面建成小康社会的决胜阶段、中国特色社会主义进入新时代的重要时期，站在中国特色社会主义新时代的历史起点上，要深刻理解全国文化中心建设的规律性和时代性特点，进一步明确习近平新时代中国特色社会主义思想指导下的首都北京全国文化中心建设的目标和任务，深刻理解新时期北京全国文化中心建设的丰富内涵，把首都北京全国文化中心建设放在中国特色社会主义伟大事业的全局和新时代中国特色社会主义的进程中来认识和把握，使北京成为中国特色社会主义先进文化之都、中国特色社会主义创新发展之都、中国特色社会主义对外开放之都、全球文化中心城市。

一、中国特色社会主义先进文化之都

北京建设世界城市，要按照科学发展观的要求，立足于首都的功能定位，着眼于提高"四个服务"水平，既开放包容、善于借鉴，又发挥自身优势、突出中国特色，努力把北京打造成国际活动聚集之都、世界高端企业总部聚集之都、世界高端人才聚集之都、中国特色社会主义先进文化之都、和谐宜居之都，充分体现人文北京、科技北京、绿色北京的要求。[1]这实际上正式提出了中国特色社会主义先进文化之都的概念和中国特色社会主义文化之都建设的基本方向和要求。2011年12月，在全国上下努力建设社会主义文化强国的背景下，中共北京市委常委会召开会议提出，"发挥首都全国文化中心示范作用，打造中国特色社会主义先进文化之都，建设具有世界影响力的文化中心城市，是当前和今后一个时期全市重要而紧迫的战略任务"。[2]随后，同年12月26日，中共北京市委十届十次全会审议通过了《中共北京市委关于发挥文化中心作用 加快建设中国特色社会主义先进文化之都的意见》，该《意见》从五个方面阐述了新形势下首

---

[1]《习近平：以转变发展方式促进经济社会又好又快发展》，人民网，2010年8月23日，http://politics.people.com.cn/GB/1024/12520751.html。

[2]《发挥文化中心作用 加快建设中国特色社会主义先进文化之都》，《北京日报》2011年12月8日。

都文化改革发展的重要性和紧迫性，指出了推进首都文化建设的总体要求、发展目标、基本原则和重点任务等方面的内容。这些充分说明，建设中国特色社会主义先进文化之都是北京全国文化中心建设的重要目标。

中国是社会主义国家，中国共产党依据马克思主义普遍真理同中国具体实际相结合的原则，总结长期探索、建设所积累的经验，特别是十一届三中全会以来改革开放的实践，在中共十二大上提出"走自己的路，建设有中国特色的社会主义"的科学论断。中国的总体事业要体现中国特色社会主义，中国的文化建设就要体现中国特色的社会主义文化，就要从内容上、形式上及整体上体现中国特色社会主义文化的精髓、精神、价值。北京是中国的首都，是中国的政治中心，把北京建设成为中国特色社会主义先进文化之都，是首都文化建设的历史重任和根本使命。中国特色社会主义先进文化之都从方向上是建设、创新和发展中国特色社会主义的文化，从内涵上是建设、创新和发展社会主义中国的先进文化，也就是说，中国特色社会主义先进文化之都的目标主要体现在中国特色社会主义的先进文化上，具体来说，包括以下两个方面。

第一，以习近平新时代中国特色社会主义思想为指导。习近平新时代中国特色社会主义是中国特色社会主义理论体系的重要组成部分，2017年10月，党的十九大通过关于《中国共产党章程（修正案）》的决议，把习近平新时代中国特色社会主义思想写入党章。2018年3月，十三届全国人大一次会议表决通过《中华人民共和国宪法修正案》，把习近平新时代中国特色社会主义思想写入《中华人民共和国宪法》。习近平新时代中国特色社会主义思想的产生有一定的历史、现实和理论背景。党的十八大以来，国内外形势的变化和我国各项事业发展给我们提出了一个重大时代课题，就是必须从理论和实践结合上系统回答新时代坚持和发展什么样的中国特色社会主义、怎样坚持和发展中国特色社会主义，围绕这个重大时代课题，我们党坚持以马克思列宁主义、毛泽东思想、邓小平理论、"三个代表"重要思想、科学发展观为指导，紧密结合新的时代条件和实践要求，以全新的视野深化对共产党执政规律、社会主义建设规律、人类社会发展规律的认识，形成了习近平新时代中国特色社会主义思想。习近平新时代中国特色社会主义思想，是中国特色社会主义理论体系的重要组成部分，是全党全国人民为实现中华民族伟大复兴而奋斗的行动指南，必须长期坚持并不断发展。

首都北京的各项建设必须以习近平新时代中国特色社会主义思想为指引。2017年10月26日，北京市委书记蔡奇在全市领导干部大会上强调，要"让习近平新时代中国特色社会主义思想在北京落地生根，进一步形成生动实践，奋力谱写实现中华民族伟大复兴中国梦的北京篇章"[1]。2018年3月，在全国"两会"召开之际，蔡奇又在接受记者采访时指出，"习近平总书记对北京3次重要讲话，深刻阐述了'建设一个什么样的首都，怎样建设首都'这一重大课题，为我们做好首都工作指明了方向"[2]。2017年11月，中共北京市委第十二届委员会第三次会议强调，"要坚决将习近平新时代中国特色社会主义思想贯彻落实到首都现代化建设全过程、党的建设各方面、改革发展

---

[1]《以习近平新时代中国特色社会主义思想为指引 进一步在京华大地形成生动实践》，《北京日报》2017年10月26日。

[2]《以习近平新时代中国特色社会主义思想为指引，奋力开创首都发展更加美好的明天——中共北京市委书记蔡奇接受新华社记者专访》，新华网，2018年2月28日，http://www.xinhuanet.com/politics/2018-02/28/c_1122467789.htm。

稳定各环节"[1]。2019年6月，在北京市推进全国文化中心建设领导小组第五次会议上，蔡奇强调，要深入学习贯彻习近平总书记对北京重要讲话精神，把全国文化中心建设与服务党和国家工作大局、提升首都经济社会发展水平、增进市民群众文化福祉结合起来，找准切入点和着力点，做好首都文化这篇大文章，推动各项工作不断取得新成效。[2]习近平新时代中国特色社会主义思想是首都北京各项事业向前发展的强大思想武器，要把习近平新时代中国特色社会主义思想作为首都各方面建设发展长期坚持的指导思想。全国文化中心建设是北京"四个中心"功能建设之一，做好首都文化这篇大文章，必须要以习近平新时代中国特色社会主义思想为指导。

第二，在中国特色社会主义先进文化发展方向和导向上发挥示范引领作用。北京作为国家首都，文化建设和发展应在新中国成立以来的文化建设，尤其是改革开放以来中国特色社会主义文化建设中处于中心地位，并且发挥示范引领作用。中国特色社会主义文化之都应具有中国特色、代表中国特色，并且是社会主义先进文化的中心，首先要求在文化发展方向和发展导向上发挥示范引领作用。

中国特色社会主义文化是中国特色社会主义理论体系的有机组成部分。1991年，江泽民同志在纪念建党70周年讲话中首次提出"有中国特色社会主义文化"的概念。1996年，党的十四届六中全会通过《中共中央关于加强社会主义精神文明建设若干重要问题的决议》，对中国特色社会主义文化建设提出了明确要求。1997年，江泽

---

[1]《将习近平新时代中国特色社会主义思想贯彻落实到首都现代化建设全过程》，《北京日报》2017年11月8日。
[2]《做好首都文化这篇大文章 推动全国文化中心建设不断取得新成效》，《北京日报》2019年6月1日。

民同志在党的十五大报告中进一步提出中国特色社会主义文化建设的基本纲领，也就是中国特色社会主义文化的内涵，即"建设有中国特色社会主义的文化，就是以马克思主义为指导，以培育有理想、有道德、有文化、有纪律的公民为目标，发展面向现代化、面向世界、面向未来的、民族的科学的大众的社会主义文化"。

中国特色社会主义文化是社会主义中国的文化，是当代中国的先进文化。2001年，江泽民同志在庆祝建党80周年的讲话中指出："在当代中国，发展先进文化，就是发展有中国特色社会主义的文化，就是建设社会主义精神文明。"[1] 2005年，胡锦涛同志在省部级领导干部研讨会上发表讲话，他说："一个社会是否和谐，一个国家能否实现长治久安，很大程度上取决于全体社会成员的思想道德素质……要切实加强社会主义先进文化建设，不断增强人们的精神力量，不断丰富人们的精神世界"，"通过发展社会主义先进文化来不断巩固和谐社会建设的精神支撑"。[2] 2016年，习近平总书记在十八届中央政治局第三十次集体学习时讲话指出："要协调推进政治建设、文化建设、社会建设、生态文明建设以及其他各方面建设，实现社会主义市场经济、社会主义民主政治、社会主义先进文化、社会主义和谐社会、社会主义生态文明全面进步，为经济发展提供更好制度保障和环境条件。"[3] 2017年，习近平总书记在党的十九大报告中指出，"中国特色社会主

---

[1] 江泽民：《在庆祝中国共产党成立八十周年大会上的讲话》，《人民日报》2001年7月2日。

[2] 胡锦涛：《在省部级主要领导干部提高构建社会主义和谐社会能力专题研讨班上的讲话》，《人民日报》2005年6月27日。

[3] 中共中央文献研究室编：《习近平关于全面建成小康社会论述摘编》，中央文献出版社2016年版，第208页。

义文化，源自于中华民族五千多年文明历史所孕育的中华优秀传统文化，熔铸于党领导人民在革命、建设、改革中创造的革命文化和社会主义先进文化，植根于中国特色社会主义伟大实践"。

由此可见，中国特色社会主义文化不仅是社会主义中国的重要特征，是社会主义中国现代化建设的重要目标和保证，也是当代中国的先进文化，是当代中国综合国力的重要标志。2020年4月，北京市发布《北京市推进全国文化中心建设中长期规划（2019年—2035年）》，其中指出，未来北京全国文化中心的发展目标是"社会主义物质文明与精神文明协调发展、传统文化与现代文明交相辉映、历史文脉与时尚创意相得益彰、具有高度包容性和亲和力、充满人文风采和文化魅力的中国特色社会主义先进文化之都"。北京的文化建设体现着首都文化的价值，其文化建设和发展承担着国家文化价值导向的职能，首都的文化形象和文化精神应该成为国家文化形象、国家文化精神的象征和代表，也就是说，应该成为中国特色社会主义先进文化的象征和代表，中国特色社会主义先进文化之都建设是中华民族优秀先进文化价值及文化精神的承载中心和传播中心，因此，中国特色社会主义先进文化之都要在文化发展方向和发展导向上切实发挥示范引领作用。

二、中国特色社会主义创新发展之都

2015年10月，中共十八届五中全会确立了"创新、协调、绿色、开放、共享"的发展理念。这五大发展理念是针对我国经济社会发展中的突出矛盾和问题，在深刻总结国内外发展经验教训、分析国内外发展趋势的基础上形成的，是"十三五"时期乃至更长时期我国发展思路、发展方向、发展着力点的集中体现,是关系国家发展全局的一场深刻变革。新发展理念是习近平新时代中国特色社会主义经济思想的主要内容,深化拓展了我们党对中国特色社会主义经济发展规律的认识,丰富发展了中国特色社会主义政治经济学。[1]

创新发展理念是"五大发展理念"之首。树立创新发展理念,就必须把创新摆在国家发展全局的核心位置,不断推进理论创新、制度创新、科技创新、文化创新等各方面创新,让创新贯穿党和国家一切工作,让创新在全社会蔚然成风。创新是历史进步的动力、时代发展的关键,更是引领发展的第一动力,对于当前的北京经济社会发展,也是如此。蔡奇书记说:"现阶段的北京,减量发展是特征,创新发展是出路,而且是唯一出路。"[2] 所以,新时代中国特色社会主义创新发展之都,应该在继承中华优秀文化传统基础上,借鉴学习其他民族和国家的优秀文化,充分挖掘和激活中华文化创新潜力,提高文化发展创新能力,生产出更多的对世界有影响力的文化创新成果,尤其是以高度繁荣的哲学社会科学和文化艺术等方面为代表的文化知识创新,以及以文化创意产业为主要内容的文化产业创新,从而推动以文化创新带动其他领域的各方面的创新。

第一,以高度繁荣的哲学社会科学和文化艺术为代表的文化创新是中国特色社会主义创新发展之都的基础。文化创新决定了一个国家的发展潜力和国家的发展模式,是一个国家通向大国崛起的桥

---

[1] 中共中央宣传部编:《习近平新时代中国特色社会主义思想三十讲》,学习出版社2018年版,第110页。

[2] 蔡奇:《服务大局 推动首都城市转型》,选自《增强"四个意识"谱写时代新篇(两会·声音2018)》,《人民日报》2018年3月4日。

梁。中国要在21世纪实现民族复兴大业，跻身世界强国之林，首先要成为文化创新大国。所谓文化创新，就是创新者在一定价值观指导下，有意识、有目的地对文化进行创新，从而创造出新的文化。从广义的文化范畴来看，文化创新是一个包罗万象的范畴，人类所有的发明创造都是文化的创新。文化创新有三种情况：第一种是在对原有文化总体肯定的基础上，对原有文化的丰富、完善和发展，这是文化创新的主流，世界上大多数文化创新属于这一种；第二种是通过对旧文化的否定，创造出一种与旧文化相反或对立的全新的文化，这种对旧文化的彻底否定在文化创新史上也为数不少；第三种居于以上两者之间，即在继承的基础上，对原有文化既有肯定、也有否定，有吸收、有借鉴而创造出一种新文化。[1]从创新的内部结构来看，文化创新主要由四个方面构成，即文化内容的创新、文化形式的创新、文化传播媒介的创新、文化生产方式的创新。其中，文化内容的创新是文化创新的核心。

由此，中国特色社会主义创新发展之都中的"创新"在宏观层面上是一种文化创新。一方面，这种文化创新不仅是对中华优秀传统文化精髓的传承，这种传承既包括对文化精髓的唤醒和记忆，也包括对优秀文化从内容和形式上的再创造；而且也是从实际出发、对国外优秀文化成果的借鉴，这种借鉴不是盲目照搬，不是亦步亦趋，是转变思维定势，坚持批判性思维；更是敢于突破和超越自我，坚持与弘扬以中国特色社会主义文化自信为核心的创新意识和创新精神，走出一条符合中国自身实际的创新发展之路。这是建设中国特色社会主义创新发展之都的思想源泉。另一方面，中国特色社会主义创

---

[1] 杨吉华：《文化的创新》，人民日报出版社2013年版，第4页。

新发展之都的"创新内容"中,最重要的内容就是高度繁荣的哲学社会科学和文化艺术。2016年5月,习近平总书记在哲学社会科学工作座谈会上的讲话中强调指出:"一个国家的发展水平,既取决于自然科学发展水平,也取决于哲学社会科学发展水平。一个没有发达的自然科学的国家不可能走在世界前列,一个没有繁荣的哲学社会科学的国家也不可能走在世界前列。"哲学社会科学的发展水平反映了一个民族的思维能力、精神品格、文明素质,体现了一个国家的综合国力和国际竞争力。哲学社会科学和文化艺术的繁荣与否,直接体现了一个国家的思想文化是否在认识世界和改造世界方面一直不断创新,直接体现了这一国家在推动历史发展和社会进步方面是否具有强大的能动性。这是建设中国特色社会主义创新发展之都的知识基础。北京拥有北京大学、清华大学等世界知名学府,还有中关村、亦庄等具有世界影响力的科技创新基地,聚集了一大批哲学社会科学和文学艺术创作领域的专家人才,这些都为北京实行创新驱动战略提供了扎实的人才基础、知识基础和思想基础,奠定了北京成为中国特色社会主义创新发展之都的目标。

第二,以文化创意产业为主要内容的文化产业创新是中国特色社会主义创新发展之都的发展重点。"十一五"期间,我国提出了建设"创新型国家"的目标,把增强自主创新能力作为发展经济的重要战略基点,而其中最突出的内容就是发展文化创意产业。2009年,国务院颁布《文化产业振兴规划》,标志着文化产业已成为我国国民经济体系中的一个先导性、战略性产业。"十二五"期间,我国又提出要把增强自主创新能力作为发展科学技术的战略基点,并作为调整产业结构、转变发展方式的中心环节,使文化创意产业获得了充足的发展动力。2017年,文化部发布的《文化部"十三五"时期文化产业发展规划》提出，我国文化产业发展正处于可以大有作为的重要战略机遇期，站在新的历史起点上，要进一步坚定文化自信，增强文化自觉，坚持创新驱动，推动文化产业转型升级、提质增效，实现文化产业成为国民经济支柱性产业的战略目标。国家层面对文化产业的政策支持，对推动提高文化创意产业的整体实力发挥了重要作用。北京市的文化创意产业一直走在全国的前列，不仅起步时间最早，综合实力也很强。2005年12月，北京市委九届十一次全会明确提出，要将文化创意产业作为首都经济未来发展的重要支柱之一。北京"十一五"规划，首次将文化创意产业列为北京市重点发展产业。2006年12月，北京市公布《北京市文化创意产业分类标准》，这是当时我国内地第一个文化创意产业分类标准。《北京城市总体规划（2004年—2020年）》将文化创意产业作为第三产业的重要组成部分，并且提出"充分发挥首都优势，促进文化产业快速发展，增强文化的总体实力，提高国际影响力"的要求。《北京城市总体规划（2016年—2035年）》则提出，激发全社会文化创新创造活力，建设具有首都特色的文化创意产业体系，打造具有核心竞争力的知名文化品牌。总之，自2006年北京在全国首先提出发展文化创意产业以来，北京市文化创意产业一直保持高速增长并逐渐成为推动北京经济发展的重要引擎。北京创意文化先后认定了30个文化创意产业集聚区，"十二五"期间，北京市文化创意产业支柱地位更加稳固，产业增加值从2010年的1697.7亿元增加到2015年的3072.3亿元，年均增长12.6%，占全市GDP比重提高到13.4%，居于全国首位。[1] 2016年到2018年，北京文化创意产业持续增长。2019年12月，在由中国人民大学主办、中国人民大学文化科

---

[1]《北京市"十三五"时期文化创意产业发展规划》，京宣发[2016]29号。

技园和中国人民大学文化产业研究院承办的"2019中国文化产业系列指数发布会"上，北京凭借文化产业影响力和驱动力的优势处于全国首位。

以文化创意产业为重点的文化产业创新是中国特色社会主义创新发展之都建设的重要内容，这既是由创新发展的内涵决定的，也是由新形势下推动首都北京经济增长的内在要求决定的。新时代中国特色社会主义创新发展之都的建设应该从全面贯彻创新发展理念的高度来思考和谋划，以实现更高质量、更可持续、更具引领性的创新发展为目标，加强以哲学社会科学和文化艺术为代表的文化创新和以文化创意产业为主要内容的文化产业创新，把创新作为引领发展的第一动力，以二者带动其他领域的各方面创新，实现高质量发展。

三、中国特色社会主义对外开放之都

对外开放最早是发展经济的一项政策。中国自古以来就有开放的传统，如古丝绸之路、东南沿海港口的开埠通商、郑和下西洋，等等，然而，近代以来帝国主义的入侵使中国沦为半殖民地半封建社会，这时期的对外开放是被动的。中华人民共和国成立初期，由于西方国家的敌视和封锁，不具备对外开放的条件。1978年十一届三中全会以后，中国开启了对外开放的新时代。习近平总书记指出："我国30多年来的发展成就得益于对外开放。"[1] 当代中国对外开放的重要作用首先体

---

[1] 习近平：《在省部级主要领导干部学习贯彻党的十八届五中全会精神专题研讨班上的讲话》，《人民日报》2016年1月18日。

现在经济领域，全方位的经济对外开放，主动、全面地参与国际分工，参与生产要素的全球配置，前所未有地壮大了中国的经济实力，提升了中国在世界经济中的地位和在国际事务中的话语权，也为创建更加公平、更加合理的国际治理体系的形成和发展做出了自己的贡献。

对外开放是中国发展的根本动力之一。中国对外开放成就举世公认，地位突出，在理论上推动形成了中国特色社会主义对外开放理论。中国特色社会主义对外开放理论最先是由邓小平提出的。作为中国社会主义改革开放和现代化建设总设计师的邓小平，在吸收马列主义、毛泽东思想对外开放理论内核的基础上，结合新的实践和中国国情，对中国特色社会主义对外开放涉及的一系列重大理论和实践问题，如实行对外开放的必要性、对外开放的基本原则和步骤等做了系统、翔实的阐述。之后，以江泽民同志为代表的中国共产党人将中国特色社会主义对外开放理论进一步提升，提出发展开放型经济，提出对外开放不仅要"引进来"，还要"走出去"等论断。以胡锦涛同志为代表的中国共产党人提出"互利共赢"的开放战略，提出要"深化沿海开放，加快内地开放，提升沿边开放，实现对内对外开放相互促进"等战略。党的十八大以来，面对国内外错综复杂的经济社会形势，以习近平同志为核心的党中央继续坚持对外开放的基本国策，将中国特色社会主义对外开放理论提升到一个新的高度，提出要"在更大范围、更宽领域、更深层次上提高开放型经济水平"，"积极推动建立均衡、共赢、关注发展的多边经贸体制"，[1]"坚定不移举行互利共赢的开放战略，实行高水平的贸易和投资自由化便利化政策，推动形成陆海内

---

[1] 习近平：《在同出席博鳌亚洲论坛二〇一三年年会的中外企业家代表座谈时的讲话（2013年4月8日）》，《人民日报》2013年4月9日。

外联动、东西双向互济的开放格局"[1],等等。

中国特色社会主义对外开放之都,应牢牢把握中国特色社会主义对外开放的正确方向,不断扩大对外开放,不断提高对外开放水平,一方面,以成为新时代对外开放的新标杆为发展目标,进一步深化对外开放,在全方位融入世界的基础上带领中国影响和引导世界发展;另一方面,以形成更高层次的对外开放新格局为任务,坚持习近平总书记关于人类文明和人类命运共同体的思想,引领重塑世界秩序,推动建立合作共赢的新型国际关系。

第一,进一步深化对外开放,成为新时代对外开放的新标杆是中国特色社会主义对外开放之都的发展目标。对外开放给北京带来了大量的资金、先进的技术、优秀的人才和科学的管理方法,为首都经济社会发展做出了积极贡献。北京市对外开放起步较早,1979年8月,北京市参加了国家层面的关于对外开放和扩大出口的座谈会。党的十一届三中全会以后,北京市的对外开放进行了多方面的尝试,例如在市、区和县分别成立了对外经济贸易委员会,建立健全了对外经济贸易的管理体制,等等。1988年国务院发布《关于加快和深化对外贸易体制改革若干问题的规定》,根据国家的部署,北京在外贸体制改革方面也有了突破。1992年邓小平发表南方谈话后,北京市的对外开放进入全面推进的新时期,明确提出首都经济是"立足首都、服务全国、走向世界"的开放型经济,北京对外贸易经济迅速发展。2000年以后,北京对外开放向深度和广度拓展,对外开放的领域不断扩大,层次和水平不断提高,利用外资逐年增长,对

---

[1]《习近平出席首届中国国际进口博览会开幕式并发表主旨演讲》,《人民日报》2018年11月6日。

外经济、科技、文化交流广泛活跃，北京的经济与国际经济的联系也越来越紧密。党的十八大以来，北京在更高水平上统筹对外开放，利用国际资源、引进集聚国际高端资本和人才等要素的能力进一步提高，国际化水平进一步增强。

中国经济发展进入了新时代以后，从国际环境看，世界多极化、经济全球化、文明多样化、社会信息化深入发展，新一轮科技革命和产业革命蓄势待发；从国内大势看，中国已成为世界第二大经济体，经济基本长期向好，发展方式加快转变，改革开放释放新的发展活力，这些都为北京的经济社会发展创造了更加有利的条件。北京作为一个现代化国际大都市，发展优势更加明显、前景更加广阔，转型升级发展的潜力巨大。因此，中国特色社会主义对外开放之都要成为新时代对外开放的新标杆，在全方位融入世界的基础上带领中国影响和引导世界发展，牢固树立开放的发展理念，牢牢把握首都城市战略定位，进一步扩大对外开放，加快重要领域和关键环节的改革开放，培育开放发展新优势，提高开放型经济水平，提升北京在全球资源配置中的地位和作用，加快建设以首都为核心的世界级城市群；尤其是深入推进服务业扩大开放综合试点，提升投资贸易便利化水平，大力发展服务贸易；要强化国际交往功能，加强相关设施和能力建设，营造优良的国际服务环境，吸引国际组织总部、跨国公司地区总部落户，支持高端国际交流平台发展，努力把北京建设成为国际活动聚集之都、世界高端企业总部聚集之都、世界高端人才聚集之都；要坚持开放合作，深化对外文化交流与相互合作，广泛吸纳、融汇一切外来优秀文化成果，提高文化开放水平，扩大文化影响力和竞争力，创新对外传播、文化交流、文化贸易方式，大力发展对外文化贸易，推动首都文化服务全国、走向世界。

第二，构建人类命运共同体，形成更高层次的对外开放新格局是中国特色社会主义对外开放之都的任务。"人类命运共同体"是近年来中国政府反复强调的外交战略新理念。2012年习近平就任总书记后首次会见外国人士时就表示，国际社会日益成为一个你中有我、我中有你的"命运共同体"，面对世界经济的复杂形势和全球性问题，任何国家都不可能独善其身。2013年3月，习近平总书记在莫斯科国际关系学院发表演讲，首次阐述人类命运共同体思想。2015年9月，在第七十届联合国大会一般性辩论时的讲话中，习近平总书记再次强调："当今世界，各国相互依存、休戚与共。我们要继承和弘扬联合国宪章的宗旨和原则，构建以合作共赢为核心的新型国际关系，打造人类命运共同体。"[1] 2018年3月，第十三届全国人大一次会议通过的宪法修正案，"发展同各国的外交关系和经济、文化交流，推动构建人类命运共同体"被写入宪法序言。人类命运共同体主要强调在多样化社会制度总体和平并存、各国之间仍然存在利益竞争和观念冲突的现代国际体系中，每一个国家在追求本国利益时兼顾他国合理关切，在谋求本国发展中促进各国共同发展，其核心理念是和平、发展、合作、共赢，其实践归宿是增进世界人民的共同利益、整体利益和长远利益。[2] 人类命运共同体思想是推动全球治理体系变革、构建新型国际关系和国际新秩序的共同价值规范，蕴含着深厚的中国智慧。[3]

---

[1] 习近平：《携手构建合作共赢新伙伴 同心打造人类命运共同体——在第七十届联合国大会一般性辩论时的讲话》，《人民日报》2015年9月29日。
[2] 李爱敏：《"人类命运共同体"理论本质、基本内涵与中国特色》，《中共福建省委党校学报》2016年第2期。
[3] 冯颜利、唐庆：《习近平人类命运共同体思想的深刻内涵与时代价值》，《当代世界》2017年第11期。

尽管不同学者对人类命运共同体的概念和内涵有着不同的理解，但就其理论来源和价值目标来看，人类命运共同体拥有深厚的历史文化根基，即"天下情怀"和"和合文化"。"天下情怀"打造命运共同体成为中国传统文化的轴心，亦承载着中华民族从历史深处一路走来；"和合文化"是中华文明的源与根，是中国文化的原初性基因。[1]中国特色社会主义对外开放之都应把构建人类命运共同体、形成更高层次的对外开放新格局作为重要任务，将马克思主义与中国传统文化中的"家天下"和"和合文化"充分结合，拓展"和""文化"在当代外交治理方面的现代价值，进一步扩展中华文化的国际影响力、执行力，进而引领重塑世界秩序，推动建立合作共赢的新型国际关系。构建人类命运共同体，形成更高层次的对外开放新格局，需要中国首都北京在国际交往、文化传播、对外开放等方面继续不断努力。有学者指出，"'和合主义'所追求的就是要创造一种体现'类价值'的'国际交往行为'"[2]，"'和合主义'理论范式的理性原则是社会共有、权利共享、和平共处、价值共创"[3]。北京作为中国首都，其国际交往水平、对外开放水平、文化传播水平都代表着中国国家的形象和国家文化软实力，也是人类命运共同体在当今时代中的现实体现。

由此可见，中国特色社会主义对外开放是互利共赢的开放，是积极主动的开放，是共同掌握人类命运的开放。中国特色社会主义对外开放之都要实行更加积极主动的对外开放战略，更加深入地融入世界，推动中国创造更全面、更深入、更多元的对外开放格局，发展更高层

---

[1] 谢文娟：《"人类命运共同体"的历史基础和现实境遇》，《河南师范大学学报》（哲学社会科学版）2016年第5期。

[2] 余潇枫：《"和合主义"：中国外交的伦理价值取向》，《国际政治研究》2007年第3期。

[3] 余潇枫：《国际关系伦理学》，长征出版社2002年版，第202页。

次的开放型经济，提高中国的国际影响力、感召力、塑造力，为世界和平与发展做出新的重大贡献。

四、全球文化中心城市

　　文化是体现国家精神最重要、最深刻的标志。城市文化的感染力、吸引力和创造力是外界对一个国家最直接的印象，体现了这个国家的国家形象，而城市的文化政策、文化态度、文化形态也间接反映了一个国家政治、经济领域的实力和水平。世界上著名的国际大都市无不首先是"文化之都"，是它们所属国家和地区乃至整个世界的文化中心。正是城市文化资源的开发和利用，为这些国际大都市提供了强有力的思想保证、精神动力和智力支持。在经济全球化深入发展的大背景下，建设全球文化中心城市是全球化时代大城市获取更大发展空间的战略选择。北京作为世界上最大的发展中国家的首都，建设全球文化中心城市极为必要。由于不同的历史发展路径和具备的不同文化资源，全球文化中心城市可分为六种类型：①世界文化之都：特点是作为全球城市文化网络的中心节点；②文化研发中心：特点是作为全球媒体总部的所在地；③文化交易中心：特点是作为全球著名展览的所在地；④文化生产中心：特点是作为全球电影产业主要基地；⑤文化时尚中心：特点是作为欧洲时尚设计的领军城市；⑥文化消费中心：特点是作为世界著名的娱乐中心。[1] 如果以此为标准的话，北

---

[1] 上海证大研究所编：《文化大都市：上海发展的战略选择》，上海人民出版社2008年版，第56页。

京成为全球文化中心城市,尤其是世界文化之都,具备极大竞争力板块优势。首先,北京是举世闻名的古都,具有众多的名胜古迹,集中了许多人类文化瑰宝,也集聚了中国传统文化和当代文化的典型代表。其次,从中国省市文化产业发展指数(2019)来看,北京的文化产业影响力和驱动力长期处在第一的位置,文化产业发展繁荣。最后,北京拥有中央广播电视总台、《人民日报》、新浪微博等国内最集中的媒体资源和新媒体资源,拥有国家大剧院、国家博物馆、国家图书馆等国家级文化机构设施,拥有中华书局、商务印书馆、中国社会科学杂志社等顶级的出版期刊资源,等等。

在2018年中国城市综合竞争力排名中,北京位居第四,排在香港、深圳和上海之后;在内地一线城市中,北京的城市文化竞争力、文化影响力、形象传播影响力、文化创意和新文化创新活力均居首位。在2018年相关指数排名中,北京的全球城市指数排名第九;在全球城市综合实力指数排名中,北京排在第二十二位;在全球城市"文化交流"指数排名中,北京排在第七位,这几项指数在中国城市排名中,北京位居第一,但和"全球城市"的伦敦、纽约、东京相比,尚有较大差距。[1] 因此,北京建设全球文化中心城市确实还需要倍加努力。北京要缩短与其他全球文化中心城市的距离,不仅仅要在维护、建造大量的文化设施,创造宜居环境、提高生活工作便利性等硬件上下功夫,更要形成创新型、多样型、国际型的文化发展机制,增强国际化的文化包容力、引领力、辐射力及精神创造力等方面的功能,只有这样,北京才能成为彰显中国特色的全球文化中心城市。

---

[1] 李建盛主编:《北京文化发展报告(2018~2019)》,社会科学文献出版社2019年版,第21~31页。

第一，以文化规划的思维推动北京成为全球性文化生产网络中的重要节点。在全球化时代，文化对城市发展的价值导向的作用、作为精神价值观形成动力促进社会进步的作用、作为智慧成果推动人和世界不断丰富的作用、促进文化经济一体互动发展的作用，以及文化保障人民高品质生活的重要作用等，逐渐被人们深刻认识。进入21世纪以后，许多国际大都市相继颁布了文化报告或文化发展规划，例如2000年3月新加坡颁布的《新加坡城市文艺复兴报告》、2003年6月伦敦颁布的《伦敦市长文化战略》等，这些报告以文化规划的思维对城市的各种功能进行考察，挖掘城市的创新空间和创新方向，并且在周边城市圈、城市群和城市带的范围内，使自己的城市获得新的核心地位，成为一个全球性文化生产网络中的重要节点。[1]

北京作为全国文化中心，天然地带有将文化规划思维融入城市发展和治理的理念之中的特质。这是因为，北京具有得天独厚的传统文化优势，在长期的历史发展进程中保存了大量的物质文化遗产和非物质文化遗产，这些珍贵的文化遗产代表和昭示着中国优秀传统文化的精华和精髓，它们为北京城市经济发展提供了价值导向、精神动力和治理智慧。例如，当前北京在城市治理过程中，多倾向于从文化的角度出发来制定公共政策，在文化资源和公共政策之间建立一种相互协同的关系，把文化资源置于创新实施的中心来整合城市的各种资源，达到城市的和谐发展和保持北京的文化特色；同时，通过建立无形的、个性化的、信息密集型的文化服务格局，提升了北京城市的协调、服务和枢纽等功能，从而达到与国际接轨的良好效果。

---

[1] 高福民、花建主编：《文化城市：基本理念与评估指标体系研究》，商务印书馆2012年版，第13~14页。

以文化规划的思维推动北京成为全球性文化生产网络中的重要节点，可以从以下两方面着手。一方面，加强北京历史文化名城的保护，彰显城市文化特色，以突出北京在世界城市中的独特魅力。北京的世界文化遗产数量多于伦敦、巴黎、东京和纽约，是当前北京在全球城市文化影响力中居第一位的要素。为此，要深入挖掘北京历史文化，优化整合历史文化资源，提炼文化精神，充分利用文化资本，彰显北京作为全球文化中心城市的文化形象、文化价值和文化魅力。另一方面，增强北京的公共文化服务建设，构建具有国际水平的现代公共文化服务体系。近几年，北京公共文化服务事业繁荣发展，全市已建成四级公共文化服务体系，公共文化设施覆盖率98.85%，已实现公共文化设施的15分钟服务圈。[1] 但是北京公共文化服务的参与度、公共文化服务力、公共文化服务机制等还很不完善，需要加强与全球文化中心城市的竞争力相匹配的公共文化服务体系。

第二，推进京津冀协同发展，建设以首都北京为核心的世界级城市群为工作重点。自从法国地理经济学家戈特曼于1957年提出"大都市经济圈（带）"的概念以来，城市群的发展成为衡量一个国家或地区经济社会发展水平的重要标准之一。目前，世界六大城市群多分布于西欧、美国和日本等发达的工业化国家，它们对世界经济、科技、社会、文化等具有强大的影响力和控制力。2019年，中国GDP总量达到99.1万亿元，世界排名第二，占世界经济比重预计将超过16%，对世界经济增长贡献率预计将达到30%左右，中国仍然是世界经济

---

[1] 施昌奎主编：《北京公共服务发展报告（2018～2019）》，社会科学文献出版社2019年版，第7页。

发展动力最足的火车头。[1]这表明中国已进入从世界大国向强国迈进的关键时期。然而，当前我国受全球经济复苏疲软的影响，尤其是今年突发的新型冠状病毒肺炎疫情造成内需大幅下降，经济下行压力很大，以首都北京为核心的京津冀世界级城市群建设在增强中国在全球经济体系中的资源配置能力和国际影响力中具有重要意义。

2015年4月，中央政治局会议审议通过《京津冀协同发展规划纲要》，会议指出，推动京津冀协同发展是一个重大的国家战略，战略的核心是有序疏解北京非首都功能。根据《京津冀协同发展规划纲要》，京津冀的整体定位是"以首都为核心的世界级城市群、区域整体协同发展改革引领区、全国创新驱动经济增长新引擎、生态修复环境改善示范区"，区域整体定位体现了河北、北京、天津三省市"一盘棋"的思想，突出了功能互补、错位发展、相辅相成。世界级城市群的核心城市一定是具有全球影响力的世界城市，核心城市的文化发展要与这一级别的世界城市相匹配，为此，《北京城市总体规划（2016年—2035年）》明确提出了未来的发展目标，到2020年，北京的全国文化中心地位进一步增强，市民素质和城市文明程度显著提高；到2035年，北京成为彰显文化自信与多元包容魅力的世界文化名城；到2050年，北京成为具有广泛和重要国际影响力的全球中心城市，成为弘扬中华文明和引领时代潮流的世界文脉标志。

由此，首都北京全国文化中心建设要以全球文化中心城市作为目标和任务，就必须大力推进京津冀协同发展，建设以首都为核心的世界级城市群为工作重点，要贯通历史、现状、未来，统筹人口、

---

[1]《2019年中国GDP占世界的比重预计将超过16%》，央视新闻客户端，2020年1月17日。

资源、环境、文化，坚持抓住疏解非首都功能这个核心问题，紧密对接京津冀协同发展战略，着眼于更广阔的空间来谋划首都的未来。要围绕北京形成核心区功能优化、辐射区协同发展、梯度层次合理的城市群体系，发挥好北京的一核辐射带动引领作用，推动公共服务共建共享，优化生产力布局和空间结构，协同建立产城融合、创新驱动的产业空间体系。要协同营造京畿特色、多元活力的文化体系，建设京畿文化圈，形成彰显大国首都文化形象的文化网络体系，彰显区域内每座城市的文化价值，推进体现京津冀历史文化遗产精粹的文化带建设。

第三章　坚持马克思主义指导作用，弘扬中华文明与引领时代潮流

马克思主义是我们党和国家的指导思想，是中国共产党人理想信念的灵魂。马克思主义是科学的理论、人民的理论、实践的理论、不断发展的开放的理论，它创造性地揭示了人类社会发展规律，第一次创立了人民实现自身解放的思想体系，指引着人民改造世界的行动，始终站在时代前沿。[1]马克思主义深刻改变了世界，也深刻改变了中国，它为中国革命、建设、改革提供了强大思想武器，使中国这个古老的东方大国创造了人类历史上前所未有的发展奇迹。尤其在新时代，以习近平总书记为主要代表的中国共产党人把马克思主义基本原理同新时代中国具体实际结合起来，团结带领人民进行伟大斗争、建设伟大工程、推进伟大事业、实现伟大梦想，推动党和国家事业取得全方位、开创性历史成就，发生深层次、根本性历史变革，中华民族迎来了从富起来到强起来的伟大飞跃。马克思主义是我们认识世界、把握规律、追求真理、改造世界的根本指导思想，发展新时代中国特色社会主义，确保中华民族伟大复兴始终沿着正确方向前进，必须坚

---

[1]《向人类最伟大的思想家致敬》，《人民日报》2018年5月5日。

持以马克思主义为指导。首都北京全国文化中心建设要高举中国特色社会主义伟大旗帜，以马克思主义、毛泽东思想、邓小平理论、"三个代表"重要思想、科学发展观、习近平新时代中国特色社会主义思想为指导，增强"四个意识"，坚定"四个自信"，践行"四个伟大"，坚持马克思主义在思想文化意识形态领域中的指导地位，把北京建设成为马克思主义坚强阵地、社会主义意识形态思想高地，把北京建设成为弘扬中华文明与引领时代潮流的历史文化名城。

一、增强迈向中华民族伟大复兴大国首都的文化魅力

（一）首都北京作为全国文化中心的历史考察和主要成绩

北京地区是中华文化的发祥地之一，历史上，北京作为都城，是中国大一统格局的中心，促进了中国大一统局面的形成。北京成为全国的文化中心之后，更促进了多元一体中华民族的融合和形成。北京地理位置突出，连接东北平原、华北平原和内蒙古高原，是沟通这三大地区的中转站，自古即为南北交通的枢纽。在中华文化发展建设上，北京文化极具代表性。北京文化起到了融合荟萃、集聚传播、提炼引领的作用。一方面，历史上的北京通过各地来京的官僚、士人、游子、商客等群体，对全国各地的文化进行综合和吸收；另一方面，北京作为政治文化中枢，影响和领导着全国各地的文化发展。在中外文化交流方面，北京也处于领先地位。北京文化具有全国性的特征，是全国各地域、各民族、各类型文化的聚合体，同时也对全国各地具有很强的影响力、辐射力。

1949年中华人民共和国成立后，北京成为我们伟大祖国的首都，成了社会主义中国的象征。北京从一个饱受帝国主义、封建主义、官

僚资本主义剥削压迫的衰败城市，建设成为欣欣向荣的中华人民共和国首都，北京的文化建设经历了由半殖民地半封建的文化变革为为新中国服务的社会主义新文化的重大转折和飞跃。从1949年到1978年改革开放之前，北京就是全国文化的中心，各类教育、科学研究、文学艺术、新闻出版及体育事业等具有相当规模，主要表现在四点。第一，北京有全国实力最强、规模最大的高等教育基地和科学研究队伍。以北京大学、清华大学等著名学府为代表，形成了全国最大的高等教育基地，集中了众多一线学者，学科专业齐全；以设在北京的中国科学院、中国社会科学院等全国最高综合性研究机构为代表，汇集了一支强大的科学研究队伍，许多国家级项目和成果在这里诞生。第二，北京汇聚了全国一流的文学家、艺术家及相关团体，拥有最集中、最先进的新闻、广播、电视和出版行业，形成了面向全国的文化辐射网。活跃在首都的文学艺术家及其团体为繁荣社会主义文学艺术做出了重要贡献；融媒体时代，发挥北京优势，及时向全国各地和全世界阐述中国共产党和中央人民政府的各项政策方针，传播文化科学知识，介绍了全国及北京在文学艺术领域的突出成绩。第三，北京的国家级重点文物保护单位数量居全国之冠，图书馆、博物馆等文化设施、文献典籍完善、丰富。故宫博物院、长城、颐和园、明十三陵等举世闻名，国家级的图书馆、博物馆、档案馆的建设有了很大发展。第四，北京是中国对外文化的窗口，是中国对外文化交流的中心。中外科学技术、文化教育、体育卫生等方面的交往日益频繁，交流合作的领域不断拓宽，大大改变了中国在世界各国中的形象。[1]

---

[1] 参考《当代中国的北京》（上），当代中国出版社、香港祖国出版社2009年版，第1～23页；《当代中国的北京》（下），当代中国出版社、香港祖国出版社2009年版，第57～67页。

1978年以来，经过40多年的改革开放，北京在党中央、国务院的坚强领导下，全市人民团结一心、不懈奋斗，经济平稳快速健康发展，社会和谐稳定，文化建设日趋繁荣，社会治理现代化水平显著提高，生态文明建设成绩斐然，人民生活水平显著提高。2019年，全市地区生产总值35371.28亿元，是1978年的108.84亿元的325倍；2019年人均地区生产总值为164220元，是1978年的1257.00元/人的近131倍。[1]尤其在党的十八大以来，全市党员群众坚持首都城市战略定位，有序疏解非首都功能，规划建设城市副中心，环境治理成效显著，京津冀协同发展更为巩固，人民生活持续改善。在文化建设方面，社会主义核心价值观进一步弘扬，中国特色社会主义理论体系深入人心，群众性精神文明创建活动广泛开展；意识形态工作责任制认真落实，舆论引导和阵地管理得到加强，网络生态治理进一步强化，马克思主义在意识形态领域的指导地位更加巩固；文化体制改革积极推进，文化创意产业健康快速发展；公共文化服务体系更加完善，市民文明素质和城市文明程度有效提升；文艺作品创作生产更加活跃，文艺精品不断涌现；文化"走出去"步伐加快，多层次、宽领域的对外文化交流格局已经形成；市民文化生活丰富多彩，全民健身和体育事业稳步发展，开创了首都文化建设新局面。北京文化的繁荣发展成为首都发展的鲜明特色，全国文化中心的风向标和示范引领作用日益彰显，为推动国家和首都经济社会发展做出了重要贡献。

---

[1] "分省年度数据"，中华人民共和国国家统计局，http://data.stats.gov.cn/ks.htm?cn=E0103&zb=A0101&reg=110000。

(二) 繁荣兴盛北京文化，使其成为首都发展的鲜明特色

总的来说，自成为新中国的首都以来，北京一直十分重视文化事业在社会主义建设中的地位和作用，虽然有过曲折和损失，但北京的文化事业仍得到相当规模的发展，北京文化建设一直坚持以马克思主义为思想指导，改革开放前的北京各项文化建设为改革开放以后首都文化事业的繁荣和兴盛奠定了坚实的基础。通过简单梳理1949年新中国成立以来北京文化事业所取得的成绩，可归纳出北京文化建设的几个特点。

第一，文化建设在首都整体建设中具有重要地位。这是搞好首都建设的首要前提之一。习近平总书记指出："一个国家、一个民族的强盛，总是以文化兴盛为支撑的"，"中华民族伟大复兴需要以中华文化繁荣为条件"[1]。"中国特色社会主义是物质文明和精神文明全面发展的社会主义。一个没有精神力量的民族难以自立自强，一项没有文化支撑的事业难以持续长久。"[2] 文化建设是首都建设的精神内核。文化建设事业是发展、建设首都的一部分，也是其他建设的黏合剂。新中国成立至今，就是在坚持马克思主义指导地位的前提下，首都的文化建设基础得以确立并且陆续取得了许多成绩。第二，正确区分外来文化和西方文化。实际上，无论是历史上的北京还是当代的北京，都无时无刻不受到外来文化的影响。北京自元代建都以来，就是全国各民族各地区文化及传入中国的外来文化的荟萃之地。

---

[1]《习近平总书记系列重要讲话读本：创造中华文化新的辉煌》，《人民日报》2014年7月9日。

[2] 中共中央文献研究室编：《十八大以来重要文献选编》（上），中央文献出版社2014年版，第280页。

中华人民共和国成立后，北京在发展社会主义文化的过程中，既博集古今的优秀中华文化和民族文化，批判继承珍贵的中华文化遗产，使其发扬光大并走向世界；又在四项基本原则的指导下，坚持洋为中用的原则，不盲目、原封不动地照搬外来文化，坚守文化自信和民族自信。这才是认识外来文化和西方文化的正确态度。第三，首都北京文化体制改革要牢固坚持中国特色社会主义。北京的文化体制改革要解决好两方面问题，一是管理体制问题，一是发展方向问题，尤其是后一个问题。习近平总书记指出："关于文化体制改革，我只强调一点，就是要在继续大胆推进改革、推动文化事业全面繁荣和文化产业快速发展、建设社会主义文化强国的同时，把握好意识形态属性和产业属性、社会效益和经济效益的关系，始终坚持社会主义先进文化前进方向，始终把社会效益放在首位。无论改什么、怎么改，导向不能改，阵地不能丢。"[1]所以说，北京的文化体制改革要把社会效益放在首位，激发全民族文化的创造活力，只有这样才能使得文化产业朝着健康的方向发展。

首都北京文化建设的核心经验是要始终坚持马克思主义对北京文化建设的指导，尤其是对北京全国文化中心建设的指导。一方面，坚持马克思主义在北京全国文化建设中的指导地位，始终把马克思主义基本原理与北京的首都定位、北京的文化建设的具体实际相结合，有利于增强"四个意识"做好首都工作，自觉把北京发展纳入国家战略大局来考量，确保党的路线方针政策和决策部署不折不扣落到实处；有利于牢固树立"一盘棋"思想，坚持稳中求进原则，确保首都各项

---

[1] 中共中央文献研究室编：《习近平关于全面深化改革论述摘编》，中央文献出版社2014年版，第85页。

工作在稳定的前提下在关键领域有所进取。另一方面，坚持马克思主义在北京全国文化建设中的指导地位，加强马克思主义中国化时代化大众化建设，有利于保证社会主义文化的发展方向，始终坚持以人为本、执政为民，满足人民群众不断增长的精神文化需求，推动实现社会主义文化大发展大繁荣；有利于维护总体国家安全观，保证政治安全、文化安全，坚持正确舆论导向，弘扬时代主旋律，同时也向世界展示中国优秀传统文化和价值理念，打破西方文化霸权，维护人类多样性和良好的文化安全环境。

当前，首都文化建设面临不少挑战，服务国家和全市中心工作、凝聚思想共识的任务，社会主义核心价值观引领社会思潮的任务，发展引导、科学管理新媒体的任务，以及维护首都文化安全的任务等更加艰巨，因此，在首都发展关键期建设全国文化中心，坚持马克思主义的指导地位，进一步巩固提升首都思想理论建设的引领导向作用，用中国特色社会主义理论凝聚共识，推动社会主义核心价值观融入首都经济社会发展全过程，繁荣兴盛北京文化，努力营造文明和谐优美的城市环境和向上向善、诚信互助的社会风尚，使其成为首都发展的鲜明特色。

二、把首都北京全国文化中心建设融入"四个伟大"实践之中

（一）"四个伟大"的提出及其内涵和意义

2017年7月26日，习近平总书记在省部级主要领导干部专题研讨班开班式上发表重要讲话，他指出："在新的时代条件下，我们要进行伟大斗争、建设伟大工程、推进伟大事业、实现伟大梦想，仍然需要保持和发扬马克思主义政党与时俱进的理论品格，勇于推进

实践基础上的理论创新。"[1]这是第一次系统提出"四个伟大"的说法。党的十九大报告在阐述"新时代中国共产党的历史使命"时,又对"四个伟大"进行了强调,并对"四个伟大"及其之间的关系进行了系统论述,习近平总书记在报告中指出,"实现伟大梦想,必须进行伟大斗争","实现伟大梦想,必须建设伟大工程","实现伟大梦想,必须推进伟大事业","伟大斗争,伟大工程,伟大事业,伟大梦想,紧密联系、相互贯通、相互作用,其中起决定性作用的是党的建设新的伟大工程。推进伟大工程,要结合伟大斗争、伟大事业、伟大梦想的实践来进行,确保党在世界形势深刻变化的历史进程中始终走在时代前列,在应对国内外各种风险和考验的历史进程中始终成为全国人民的主心骨,在坚持和发展中国特色社会主义的历史进程中始终成为坚强领导核心"。"四个伟大"是对新时期党的历史使命的高度概括、高度凝练、高度总结,是新一届中央领导集体执政的总体框架和基本方略,以习近平总书记为核心的党中央把中国特色社会主义实践和理论推进到了新的发展阶段。

伟大斗争的完整表述为"必须进行具有许多新的历史特点的伟大斗争"。这一表述第一次出现在党的十八大报告中,十八大以来的五年实践完全证明了这一点,只有进行伟大斗争,党和国家事业才会取得历史性成就,党和国家的面貌才会发生历史性的变革。到了党的十九大,报告所讲的伟大斗争即是对党的十八大以来的"必须进行具有许多新的历史特点的伟大斗争"的概括和提炼。[2]

---

[1] 中共中央文献研究室编:《习近平关于社会主义文化建设论述摘编》,中央文献出版社2017年版,第102页。

[2] 曲青山:《"四个伟大"的由来及其相互关系》,《中国纪检监察报》2017年11月8日。

伟大工程是指党的建设的伟大工程。这一概念最早可以追溯到20世纪30年代。1939年10月，毛泽东在《〈共产党人〉发刊词》一文中总结了中国革命取得胜利的三大法宝——统一战线、武装斗争、党的建设。其中，党的建设起关键作用，毛泽东把党的建设称为一个伟大的工程。改革开放后，我们党深刻认识到，要取得改革开放和社会主义现代化建设事业的成功，必须大力加强党的建设。党的十四届四中全会根据世情、国情、党情的发展变化实际，又提出"党的建设新的伟大工程"的命题和概念。自此，党的建设新的伟大工程的概念一直使用到现在。党的十九大报告对"党的建设新的伟大工程"进一步提炼，形成了伟大工程的这一概念。[1]

伟大事业是指中国特色社会主义伟大事业。党的十九大报告指出，中国特色社会主义是改革开放以来党的全部理论和实践的主题。中国特色社会主义的起始点是党的十一届三中全会，它是中国共产党人长期奋斗、创造、积累的根本成就。中华人民共和国建立后，以毛泽东为核心的党的第一代中央领导集体带领全党全国人民进行社会主义革命和社会主义建设，为新的历史时期开创中国特色社会主义提供了宝贵经验、理论准备、物质基础。可以说，从1956年我国社会主义基本制度建立后，我们进行的事业就是社会主义的事业。党的十一届三中全会以来，我们开创了中国特色社会主义。改革开放40余年了，我们干的事业就是中国特色社会主义伟大事业，党的十九大报告用"伟大事业"进行了高度凝练。[2]

伟大梦想是指中华民族伟大复兴的中国梦。党的十八大刚刚结束

---

[1] 曲青山：《"四个伟大"的由来及其相互关系》，《中国纪检监察报》2017年11月8日。

[2] 曲青山：《"四个伟大"的由来及其相互关系》，《中国纪检监察报》2017年11月8日。

不久，习近平总书记带领中央政治局常委到国家博物馆参观《复兴之路》展览时发表重要讲话，提出实现中华民族伟大复兴的中国梦。这个概念在党的十三大报告中就已经出现了，它从"振兴中华"一词逐渐演变而来，从党的十三大一直沿用到党的十八大。习近平总书记在此基础上用"中国梦"三个字进行了新的高度提炼，进一步丰富了它的思想和内涵。党的十九大报告对实现中华民族伟大复兴的中国梦又进行了概括，提出了"伟大梦想"的概念。[1]

伟大斗争、伟大工程、伟大事业、伟大梦想这"四个伟大"之间有着严密的内在逻辑关系，排在第一位的是伟大斗争，它是统揽"四个伟大"的前提；排在第二位的是伟大工程，它是统揽"四个伟大"的保障；排在第三位的是伟大事业，它是统揽"四个伟大"的方向；排在第四位的是伟大梦想，它是统揽"四个伟大"的目标。[2]"四个伟大"是我们党的一个重大理论创新，它明确了我们党在新时代治国理政的总方略、全局工作的总框架、谋划事业的总坐标、推进工作的总抓手，[3]指明了在新的时代条件下全党全国人民高举中国特色社会主义伟大旗帜继续前进的方向[4]。

（二）首都北京全国文化中心建设是"四个伟大"的具体要求和自觉实践

北京全国文化中心建设作为新时代北京的新定位和努力发展的新方向，要以习近平新时代中国特色社会主义思想为指导，自觉深入

---

[1] 曲青山：《"四个伟大"的由来及其相互关系》，《中国纪检监察报》2017年11月8日。
[2] 曲青山：《"四个伟大"的由来及其相互关系》，《中国纪检监察报》2017年11月8日。
[3] 曲青山：《"四个伟大"的由来及其相互关系》，《中国纪检监察报》2017年11月8日。
[4] 程恩富：《"四个伟大"：指明继续前进的方向》，《解放日报》2017年8月15日。

"四个伟大"进程之中,以"四个伟大"为新时期发展建设的主线和总纲,主动成为"四个伟大"的具体要求和自觉实践,全面加强文化强国首善之区建设,为实现"两个一百年"奋斗目标、夺取全面建成小康社会决胜阶段伟大胜利提供思想、文化和精神保证。

具有许多新的历史特点的伟大斗争是首都北京全国文化中心建设的总框架和总坐标。当前,世界正处于大发展大变革大调整时期,世界的多极化、经济全球化、社会信息化、文化多样化深入发展,世界面临的不稳定性、不确定性突出。习近平总书记在庆祝改革开放40周年大会上讲话指出:"我们现在所处的,是一个船到中流浪更急、人到半山路更陡的时候,是一个愈进愈难、愈进愈险而又不进则退、非进不可的时候。"中国特色社会主义事业是一项前无古人的事业,在前进的道路上不可能一帆风顺,必须准备进行具有许多新的历史特点的伟大斗争。党的十九大报告指出,"全党要更加自觉地坚持党的领导和我国社会主义制度,坚决反对一切削弱、歪曲、否定党的领导和我国社会主义制度的言行;更加自觉地维护人民利益,坚决反对一切损害人民利益、脱离群众的行为;更加自觉地投身改革创新时代潮流,坚决破除一切顽瘴痼疾;更加自觉地维护我国主权、安全、发展利益,坚决反对一切分裂祖国、破坏民族团结和社会和谐稳定的行为;更加自觉地防范各种风险,坚决战胜一切在政治、经济、文化、社会等领域和自然界出现的困难和挑战"。这就要求北京在建设全国文化中心过程中,要在领会新的历史特点伟大斗争的内涵基础上,坚持党的领导,坚持社会主义制度,高举中国特色社会主义伟大旗帜,以马列主义、毛泽东思想、邓小平理论、"三个代表"重要思想、科学发展观和习近平新时代中国特色社会主义思想为指导,坚持社会主义先进文化前进方向,坚持社会主义核心价值观引领,巩固马克思主义在意识形态领域的指导地位，巩固全市人民团结奋斗的共同思想基础。用中国特色社会主义理论体系武装头脑、指导实践、推动工作，充分发挥首都作为思想引领高地、价值观高地、道德高地的辐射功能，推出更多代表国家、首都形象的优秀文化成果，把北京建设成为社会主义物质文明与精神文明协调发展的中国特色社会主义先进文化之都，向世界展示中国道路的独特风采。

首都北京全国文化中心建设是中国特色社会主义伟大事业的重要组成部分。中国特色社会主义既坚持了科学社会主义基本原则，又根据时代条件赋予了鲜明的中国特色，是科学社会主义理论逻辑与中国社会发展历史逻辑的辩证统一，是根植于中国大地、反映中国人民意愿、适应中国和时代发展进步要求的具有中国特色的科学社会主义。党的十八大以来，党和国家事业发生历史性变革，中国特色社会主义进入了新时代，这是世情、国情、党情变化的必然结果，也是社会主要矛盾运动的必然结果。在新时代，对坚持和发展什么样的中国特色社会主义，习近平总书记从理论渊源、历史根据、本质特征等多方位多角度做出了深刻回答；对怎样坚持和发展中国特色社会主义，他又以一系列战略性、前瞻性、创造性的观点，深刻回答了新时代坚持和发展中国特色社会主义的总目标、总任务、总体布局、战略布局等基本问题。习近平新时代中国特色社会主义思想，为在新的时代条件下坚持和发展中国特色社会主义提供了科学的理论指引。[1] 中国特色社会主义进入了新时代，这是我国发展新的历

---

[1] 程恩富：《"四个伟大"：指明继续前进的方向》，《解放日报》2017年8月15日；刘云山：《深入学习贯彻习近平新时代中国特色社会主义思想》，《人民日报》2017年11月6日。

史方位，首都北京全国文化中心建设要在这一新的历史方位中进行。新时期、新形势、新时代下，必须围绕增强首都核心功能，将首都文化建设自觉纳入首都城市总体发展大局，把文化建设与城市规划有机结合，自觉从国家和人民需要的高度来谋划北京城市发展；要打造意识形态引领高地，弘扬主旋律，立足社会主义主流价值观，倡导文明社会新风；要打造反映时代特征，凝聚民族精神，代表先进文化前进方向的精品力作、不朽之作，为群众提供高品质的文化生活、文化产品，提高文化服务的供给水平与质量；要深入挖掘、整合并优化京津冀三地文化发展资源，发挥好北京优质资源，特别是创新资源的辐射带动作用，提升京津冀协同创新共同体发展的质量和效益，使其成为全国文化区域发展的新典范。

首都北京全国文化中心建设是实现中华民族伟大复兴中国梦不可或缺的重要环节。以习近平同志为核心的党中央在深刻分析世情、国情、党情的深刻变化的基础之上，提出了"两个一百年"的奋斗目标和实现中华民族伟大复兴中国梦的重大战略构想，生动描绘了全体中国人民的共同理想和热切期望，体现了党在新的历史时期的历史担当。中国梦的本质就是要实现国家富强、民族振兴、人民幸福。国家、民族、人民构成中国梦的主体，富强、振兴、幸福成为中国梦追求的目标。中国梦是国家、民族、人民利益的有机融合，体现了中华民族和中国人民的整体利益。[1] 如何实现中华民族伟大复兴的中国梦？习近平总书记指出，实现中国梦必须走中国道路，即中国特色社会主义道路；实现中国梦必须弘扬中国精神，即以爱国主

---

[1] 程恩富：《"四个伟大"：指明继续前进的方向》，《解放日报》2017年8月15日；《习近平总书记系列重要讲话读本（2016年版）》，《人民日报》2016年4月20日。

义为核心的民族精神,以改革创新为核心的时代精神;实现中国梦必须凝聚中国力量,即中国各族人民大团结的力量。[1]走中国道路、弘扬中国精神、凝聚中国力量是北京全国文化中心建设的关键。北京全国文化中心建设要坚定不移地走中国特色社会主义道路,坚持以马克思主义为指导,坚持以社会主义核心价值体系为统领,增强对中国特色社会主义的理论自信、道路自信、制度自信,用社会主义荣辱观引领风尚,在全社会形成统一指导思想、共同理想信念、强大精神力量、基本道德规范;要弘扬伟大的民族精神和时代精神,大力弘扬和践行北京精神,用以爱国主义为核心的民族精神和以改革创新为核心的时代精神鼓舞斗志,用中国特色社会主义共同理想凝聚力量,不断增强团结一心建设全国文化中心的精神纽带、自强不息的精神动力;要牢记使命,全市人民心往一处想,劲儿往一处使,凝聚更多智慧和力量,尊重人民首创精神,发挥人民主体作用,调动人民的积极性、主动性、创造性,为人民提供更好更多的精神食粮,让全体市民共享文化发展成果,提高市民素质和城市文明程度。

首都北京全国文化中心建设是推进党的建设的伟大工程的必然要求。党的建设的伟大工程统揽"四个伟大",是"四个伟大"的保障。习近平总书记指出:"中国特色社会主义最本质的特征就是坚持中国共产党的领导,中国的事情要办好首先中国共产党的事情要办好。"[2]这阐明了党的领导和中国特色社会主义的内在统一性。在这种统一

---

[1] 习近平:《继续为实现中华民族伟大复兴的中国梦而努力奋斗》,《党建》2013年第4期。

[2] 中共中央文献研究室编:《习近平关于全面从严治党论述摘编》,中央文献出版社2016年版,第6页。

性认识基础之上，就必须要坚定不移推进全面从严治党，切实把党建设好、管理好。全面从严治党是习近平总书记党建思想鲜明特征之一，它的核心是加强党的领导，强调基础在全面、关键在严、要害在治。党的十八大以来，党的建设都是围绕这个要求展开的，把从严治党贯穿于伟大事业、伟大工程、伟大斗争的全过程，确保党始终成为中国特色社会主义事业的坚强领导核心。全面从严管党治党，必须要坚定理想信念，加强党的组织建设，把作风建设作为切入口和突破口，以零容忍的态度惩治腐败。[1]党的领导既是实现北京全国文化中心建设的关键，也是北京建好、建成全国文化中心最根本的前提。通过全国文化中心建设，既要进一步提高党的领导地位和核心作用，又要在坚持和保证党总揽的全局、确保党的领导下，做好全国文化中心建设的各方面工作。在北京建设全国文化中心过程中，全市各级党组织要切实增强责任感、使命感，发挥各级党委（党组）领导核心作用，完善党委研究文化发展战略、重大问题工作机制，加强对文化领域重大改革、重点工作、重要项目的统筹；以党组织牵头动员社会各方面力量推动首都文化建设，发挥政治制度的优势，发挥各级人大和政协组织的重要作用，形成围绕中心、服务大局、共谋发展的生动局面；贯彻党的群众路线，创新群众工作体制机制和方式方法，激发全市人民建设全国文化中心的主人翁意识，最大限度凝聚起推进全国文化中心建设的共识和力量。

把首都北京全国文化中心建设融入"四个伟大"之中，是在北京全国文化中心建设进程中坚持马克思主义指导的内在要求。首都

---

[1]陈坚:《习近平党建思想的基本特征》,《学习时报》2017年7月24日；戴立兴:《习近平党建思想的特征分析》,《浙江学刊》2015年第3期。

北京全国文化中心建设是"四个伟大"的具体要求和自觉实践，而坚持马克思主义的指导地位为"四个伟大"的推进提供了思想基础和组织基础。因此，只有在"四个伟大"进程中加强对首都北京全国文化中心的建设，才能进一步牢固马克思主义的指导地位，才能加强对马克思主义阵地的建设，才能把北京建设成为弘扬马克思主义的思想高地和引领时代潮流的中国特色社会主义先进文化之都。

三、推进首都北京全国文化中心的创新体系建设

（一）构建国家文化创新体系，增强北京全国文化中心创新体系能力

习近平总书记在党的十九大报告中提出："要坚持中国特色社会主义文化发展道路，激发全民族文化创新创造活力，建设社会主义文化强国。"文化创新是国家创新体系的重要组成部分，是保持中华文化强大生命力和创造力的源泉，中华民族先进文化的发展之源在于创新，要发展中国特色社会主义文化，建设社会主义文化强国，就必须积极进行文化创新。在实现中华民族伟大复兴的历史进程中，大力推进北京全国文化中心创新体系建设，是加快落实首都城市战略定位、加快建设国际一流和谐宜居之都、推动社会主义文化大发展大繁荣的客观需要。坚持文化创新发展是北京全国文化中心建设的基本原则之一。《北京市"十三五"时期加强全国文化中心建设规划》指出，坚持文化创新发展，把创新放在文化改革发展的核心位置，激发全社会文化创新创造活力，推动文化和科技深度融合，让文化插上科技的翅膀，让文化创新在首都蔚然成风。首都北京全国文化中心创新体

系建设的意义重大，主要表现在以下四个方面。[1]

第一，北京全国文化中心创新体系建设是建设中国特色社会主义国家创新体系的迫切需要。一般认为，国家创新体系是指由国家政府部门同社会团体、单位和个人构成的组织网络和制度，其活动目的是为了创造、扩散和使用新的科学和技术知识。国家创新体系都是由政府推动和参与的。中国的国家创新体系注重以企业为主体、市场为导向、产学研相结合，具有创新主体多元化、创新过程网络化、创新目标效用化的特点。[2] 文化创新在国家创新体系建设过程中发挥了不可替代的重要作用，它有利于激发创新活力、培育创新意识、倡导创新精神、完善创新机制、营造创新氛围、建设创新队伍等。北京全国文化中心创新体系建设要大力推进文化创新，大力弘扬勇于创新精神，引导人们积极投身于创新实践，为推进国家创新体系建设提供有利的文化氛围。

第二，北京全国文化中心创新体系建设是发展社会主义先进文化的迫切需要。随着改革开放的不断深入和社会主义市场经济的蓬勃发展，文化对经济建设和整个社会主义现代化事业的影响和推动作用越来越重要，文化与经济和政治相互交融，在综合国力竞争中的地位和作用也越来越突出。牢牢把握中国先进文化的前进方向，加大文化创新的力度，是保持我国经济增长后劲，提高综合国力的客观要求。因此，北京全国文化中心创新体系建设要发展社会主义先进文化，进

---

[1] 王琳：《文化创新与构建有中国特色新文化体系》，《天津大学学报》（社会科学版）2008年第3期；邓显超：《关于建立新时期文化创新体系的若干思考》，《江西理工大学学报》2010年第4期。

[2] 冯鸿：《当代中国社会主义经济》（第3版），企业管理出版社2014年版，第256~257页。

一步解放和发展文化生产力，深化文化体制改革，大力创新管理体制、创新产业格局、创新市场体系、创新市场主体。加强北京全国文化中心创新体系建设，可以不断深化文化体制改革，不断解放和发展文化生产力，引领推动发展社会主义先进文化。

第三，推进北京全国文化中心创新体系建设是激发全民族文化创新创造活力的迫切需要。文化创新是激发人民群众文化创造活力的重要途径，创造的新文化内容、新文化形态，只有在文化创新中才能展示出来。文化创造活力要靠创新的氛围来激发，只有通过推动文化创新，在全社会营造浓厚的创新氛围，破除一切束缚科学发展的思想观念，激发文化创新的积极性，才能把全民族文化创造活力最大限度地凝聚起来、最充分地激发出来，使文化创造精神和创造活力竞相迸发，推动文化创新成果层出不穷。推进北京全国文化中心创新体系建设的关键在于激发全民族文化创造活力，要深入挖掘北京文化创新创造力，打造具有世界影响力的文化人才和精品力作，提升能引领国际文化发展潮流的文化软实力，推动文化产业实力与全国文化中心地位相匹配。

第四，推进北京全国文化中心创新体系建设是不断满足人民群众日益增长的精神文化需求的迫切需要。不断满足人民群众日益增长的精神文化需求是全面建成小康社会的重要目标，是社会主义文化发展的根本目的。随着我国经济发展和社会进步，人们精神文化消费的层次越来越丰富，对文化产品内容和形式的要求越来越多样。这种多方面、多层次、多样性的文化需求为繁荣发展社会主义先进文化提供了广阔的空间和强大的动力，同时也对文化创新能力和水平提出了更高的要求。北京全国文化中心创新体系建设要加大文化创新力度，创作和推出大批内容生动健康、形式多样新颖、具有强烈吸引力和感染力的优秀作品，才能不断满足人民群众日益增长的精神文化需求，切实提高人民群众的文化生活质量，从而才能有力地促进人的素质的提高和人的全面发展。

作为国家创新体系的重要组成部分，北京全国文化中心创新体系建设是一项关系到全民族的国家文化建设工程，它应围绕国家整体创新体系能力的建设，以个体文化创新为基础，以发展社会主义先进文化为目的，以提高全民族创新创造能力为手段，以不断满足人民群众日益增长的精神文化需求为归宿。所以，要切实实现北京全国文化中心创新体系建设，就必须在汲取中华民族优秀传统思想文化的基础上，鼓励和引导人们在文化领域大胆创新、积极创新，尊重和保护人们进行文化创新的积极性和创造性，建立以政府为主导的文化创新体系，引导和协调包括文化管理部门、学界、企业及民间社会的关系，共同推进文化创新体系所必需的观念、制度及政策的创新和探索。

构建国家文化创新体系，提升北京全国文化中心创新体系能力的一个基本前提条件是营造一个良好的文化创新环境。文化创新环境主要包括两个层面：一个是有利于文化创新的社会氛围，如政策、法规、法律、制度等，全社会形成尊重创新、鼓励创新、保护创新的良好环境。另一个是全体社会成员的文化修养、观念、价值取向、思维方式、精神与文化事业和文化建设的紧密程度。二者联系越紧密，整个社会越有利于形成一个积极、向上、健康、有思想的文化氛围。这两个层面相互联系、相互依存。在环境的营造中，要以出精品、出人才、出社会效益为目标，形成关于进行文化创新、增强文化活力的舆论环境，并认识到只有进行文化创新创造，解放和发展文化生产力，才是文化繁荣和发展的根本途径。

（二）坚持文化创新、科技创新"双轮驱动"，建设先进文化引领阵地和马克思主义坚强阵地

从内容上来说，首都北京全国文化中心创新体系建设主要包括三个方面。一是思想理论创新，这是文化创新体系建设的核心。马克思主义是社会主义先进文化的核心和灵魂，其指导地位不能动摇。要在马克思主义的指导下，保持与时俱进的精神状态，不断开拓马克思主义中国化的新境界，打造有社会主义特色的中国文化中心。二是文创理论的培育，让文化创新意识上升为先进的文化创新理念，以文创理念激发全民族文化创新创造活力，着眼于树立文化自信、建设文化强国的目标，在文创理念的统领下，来创新生产经营机制，完善文化经济政策，培育新型文化业态，切实提高北京文化和中华文化软实力。三是文化体制创新。这是文化创新体系建设的重要保证。加强党对文化建设的领导，完善有利于文化创新的政策体系和法律体系，探索符合当代先进文化要求、遵循精神产品创作生产规律的管理体制和运行机制，培育有国际影响力的文创产业，引领铸就中华文化新辉煌的强大动力。

在首都北京全国文化中心创新体系建设中，要注意处理好三对关系。一是批判与继承，要以中华民族优秀传统文化为基础进行创新。我国传统文化中既有许多富有生命力的内容，也存在一些消极、落后的东西，作为历史积淀传承至今，对中国人的价值观念、生活方式、思想理念产生着深刻影响。我们应该运用马克思主义的立场、观点和方法，对中华民族的文化遗产进行扬弃、汲取精华、剔除糟粕，在批判继承的基础上促进传统文化的当代转型，创造出崭新的、符合时代特点的、具有首都特色的社会主义先进文化。二是借鉴与熔铸，要以世界优秀文化为营养进行创新。文化的创新不能离开外来文化的

交融，要大胆借鉴、吸收世界上一切先进文化的优秀成果，以海纳百川、熔铸百家的胸怀和气魄，广泛地进行文化交流、合作，积极学习和吸收一切先进、科学、有益的文化，抵制腐朽、落后、有害的文化，在激烈的文化冲突中实现中华文化与优秀世界文化的融合与再创造，在增强中华文化的包容力中不断实现自身的成长，进一步发展和创新中华文化。三是回应与超越，要以新的时代要求为切入点进行创新。在首都北京全国文化中心创新体系建设过程中，要从民族文化和外来文化中吸取有益的成分，这不是简单的"照搬"和"移植"，而是在回应历史的同时，不断超越过去，根据时代发展的新要求，结合新的时代发展特点和实践经验，对古今中外的各种文化进行马克思主义的改造、升华和创造，使之具有崭新的科学内容和表达方式，成为中国特色社会主义文化和国家创新体系的有机组成部分。

具体来说，构建首都北京全国文化中心创新体系，要坚持文化创新和科技创新"双轮驱动"，打造建设先进文化引领阵地和马克思主义坚强阵地"两个阵地"。

第一，以文化创新和科技创新"双轮驱动"、深度融合促进北京全国文化中心创新体系建设。在科学技术日益更新和文化形态不断发达的当今北京，不仅要以科技创新和文化创新双轮驱动促进首都文化的发展，而且要以科技创新和文化创新的"创新融合"推动首都文化的创新发展。

文化创新和科技创新"双轮驱动"，是指要充分发挥北京的文化创新优势和科技创新优势，共同推进首都北京全国文化中心创新体系建设。首先，文化创新与科技创新"双轮驱动"意味着要以文化创新推动科技创新，为传统文化发展提供新的科学技术支撑，为文化创新、文化改革提供新的动力，为文化提供新的技术载体、新的传播形式、新的教育形式，以推动首都文创产业发展。其次，文化创新和科技创新"双轮驱动"意味着科技创新推动文化创新的发展，全面实施《北京加强全国科技创新中心建设总体方案》，充分利用、发挥首都科学技术创新优势，以科技创新推动文化创新发展，加强文化发展的新技术、新手段，创新文化业态，推动文化产业优化升级，提高首都文化的科学技术高度。最后，文化创新和科技创新"双轮驱动"意味着文化创新和科技创新相互促进，文化创新和科技创新形成你中有我、我中有你的局面，共同推动首都文化的创新发展，创造出具有深度文化内涵、高新技术优势、新颖表现形式、彰显中国特色的文化产品，从而推动首都的城市转型发展和首都现代化建设的新航程。

文化创新和科技创新深度融合，是指要充分发挥北京的文化创新优势和科技创新优势，增强首都文化的原始创新和自主创新能力。首先，文化创新和科技创新的融合互动，创造出许多新的文化形态和文化业态，提高了文化产品的科学含量、技术含量，提供了多样的文化产品表现形式。文化产品的文化内涵与科技品质是可以同时体现的，通过有效发挥科技创新与高新技术在文化设计、文化创意、文化产品生产中的作用，推动文化创意产业业态的创新发展。其次，文化创新和科技创新的融合互动，为文化传播的创新拓展提供了新的技术动力支撑和新的传播媒介形式。发挥科技创新引领作用，利用现代高新技术优势，更好地传播北京历史名城文化，向世界介绍、宣传中国优秀的传统文化，可以提高服务业的科技水平，为首都人民群众提供更先进、更时尚的公共文化服务，增强首都文化的传播力、辐射力、影响力和竞争力。

第二，以建设先进文化引领阵地和马克思主义坚强阵地促进北京全国文化中心创新体系建设。这"两个阵地"建设是突显北京全国文化中心地位和身份的重要维度。作为社会主义中国的首都，必须高度重视马克思主义的指导，坚持社会主义先进文化前进方向，大力践行社会主义核心价值观，充分利用和挖掘自身文化资源、文化特点、文化优势，推动社会主义核心价值体系与北京文化特质、首都文化的深度融合。要站在国家创新体系和国家文化建设的高度，全面加强和拓展首都北京全国文化中心创新体系建设，把意识形态与具有本地和地方特色的北京城市历史文化、京津冀地区非物质文化遗产，以及北京城里具有独特审美标志的国际文化、民族文化、古都文化、红色文化、京味文化、流行文化等融合起来，推动主流文化和意识形态教育与现实文化相结合，加强文化理论创新，从而打造富有北京特色的"文化共同体"，将"两个阵地"建设与北京城市历史文化、城市空间、城市符号充分联合，增强北京全国文化中心在国内外的吸引力、认同度和影响力，全面清晰地向世界展示中国自身的价值追求，呈现出一个充满希望、充满活力的社会主义大国形象。

第四章　以社会主义核心价值观为引领，建设中国特色社会主义首善之区

　　培育和践行社会主义核心价值观，是巩固马克思主义在意识形态领域的指导地位，巩固全市人民团结奋斗的共同思想基础，是谱写中华民族伟大复兴中国梦首都新篇章的重大战略任务。习近平总书记在党的十九大报告中指出，"要培育和践行社会主义核心价值观。要以培养担当民族复兴大任的时代新人为着眼点，强化教育引导、实践养成、制度保障，发挥社会主义核心价值观对国民教育、精神文明创建、精神文化产品创作生产传播的引领作用，把社会主义核心价值观融入社会发展各方面，转化为人们的情感认同和行为习惯"。社会主义核心价值观与中国特色社会主义发展要求相契合，与中华优秀传统文化和人类文明优秀成果相承接，富强、民主、文明、和谐是国家层面的价值目标，自由、平等、公正、法治是社会层面的价值取向，爱国、敬业、诚信、友善是公民个人层面的价值准则。坚持北京全国文化中心的核心功能，深入实施人文北京、科技北京、绿色北京战略，践行"北京精神"，建设创建国际一流和谐宜居之都，需要大力培育和践行社会主义核心价值观。以社会主义核心价值观为引领建设北京全国文化中心，对强化教育引导、舆论宣传、文化熏陶、实践养成、制度保障，

聚焦培养担当民族复兴大任的时代新人，强基固本、凝魂聚气，打造社会风气和道德风尚最好的北京城，巩固人民团结奋斗的共同思想基础，更好构筑中国精神、中国价值、中国力量，建设中国特色社会主义首善之区具有重要的理论意义和现实意义。

一、将以爱国主义为核心的中华民族精神教育制度化

（一）爱国主义的科学内涵及其时代要求

中华民族具有源远流长的爱国主义传统，爱国主义是对祖国和民族的忠诚、热爱和报效的思想与行为有机统一的完整体系。列宁指出："爱国主义是由于千百年来各自的祖国彼此隔离而形成的一种极其深厚的感情。"[1] 爱国主义体现了人们对自己祖国的深厚感情，揭示了个人对祖国的依存关系，是人们对自己家园及民族和文化的归属感、认同感、尊严感和荣誉感的统一。它是调节个人与祖国之间关系的道德要求、政治原则和法律规范，也是中华民族的核心。[2] 在中华民族5000多年绵延发展的历史长河中，爱国主义始终是激昂的主旋律，始终是激励我国各族人民自强不息的强大力量，中国人民无不对养育自己的祖国怀有无限深厚的热爱，这包括对祖国大好河山、语言文字、历史文化、风土人情、骨肉同胞的尊敬与爱护，也包括发自内心的、神圣的民族自尊心、自豪感和自尊、自强、报效祖国的崇高责任感与爱国心，以及强烈的忧国忧民的忧患意识。

---

[1]《列宁选集》第3卷，人民出版社1995年版，第579~580页。
[2]《思想道德修养与法律基础》（2018年版），高等教育出版社2018年版，第55页。

爱国主义是中国人民政治品质和道德面貌的一个重要特征，我们党一直高度重视爱国主义在社会主义道德建设中的重要地位和作用。1949年9月，中国人民政治协商会议第一届全体会议通过的《中国人民政治协商会议共同纲领》规定，"提倡爱祖国、爱人民、爱劳动、爱科学、爱护公共财物为中华人民共和国全体国民的公德"。这"五爱"是我国社会主义道德建设史上第一次正式对社会主义道德规范进行概括。1982年12月，第五届全国人大第五次会议通过的《中华人民共和国宪法》把"五爱"的国民道德调整为"爱祖国、爱人民、爱劳动、爱科学、爱社会主义"。1996年10月，党的十四届六中全会通过的《中共中央关于加强社会主义精神文明建设若干重要问题的决议》指出，社会主义道德建设要"以为人民服务为核心，以集体主义为原则，以爱祖国、爱人民、爱劳动、爱科学、爱社会主义为基本要求，开展社会公德、职业道德、家庭美德教育"。自此，"五爱"上升为社会主义道德的基本要求，社会主义道德体系初步建立起来。2001年9月，中共中央印发的《公民道德建设实施纲要》进一步强调："爱祖国、爱人民、爱劳动、爱科学、爱社会主义作为公民道德建设的基本要求，是每个公民都应当承担的法律义务和道德责任。"可见，作为道德要求和行为准则的爱国主义在社会主义道德规范体系中居于首要地位。[1] 正如邓小平所说的那样，"中国人民有自己的民族自尊心和自豪感，以热爱祖国、贡献全部力量建设社会主义祖国为最大光荣，以损害社会主义祖国利益、尊严和荣誉为最大耻辱"[2]。

---

[1] 吴潜涛、杨俊岭：《全面理解爱国主义的科学内涵》，《高校理论战线》2011年第10期。

[2]《邓小平文选》第3卷，人民出版社1993年版，第3页。

爱国主义同社会主义有机地统一于建设有中国特色社会主义的伟大实践，是鼓舞全国人民实现民族振兴的强大动力，是中华民族的精神基因，维系着华夏大地上各个民族的团结统一，激励着一代又一代中华儿女为祖国发展繁荣而不懈奋斗。新时代的爱国主义既承接了中华民族的爱国主义优良传统，又体现了鲜明的时代特征，内涵更加丰富。2014年9月3日，习近平总书记在纪念中国人民抗日战争暨世界反法西斯战争胜利69周年座谈会上讲话指出："爱国主义是中华民族民族精神的核心。近代以来，中国人民为争取民族独立和解放进行的一系列抗争，就是中华民族觉醒的历史进程，就是中华民族精神升华的历史进程。"[1] 2015年12月30日，习近平总书记在主持十八届中央政治局第二十九次集体学习时又强调，"伟大的事业需要伟大的精神。实现中华民族伟大复兴的中国梦，是当代中国爱国主义的鲜明主题"[2]。

新时代爱国主义的基本要求主要表现在以下四个方面。第一，坚持爱国主义和社会主义相统一。我国爱国主义始终围绕着实现民族富强、人民幸福而发展，最终汇流于中国特色社会主义。祖国的命运和党的命运、社会主义的命运是密不可分的。只有坚持爱国和爱党、爱社会主义相统一，爱国主义才是鲜活的、真实的、持久的，这是当代中国爱国主义精神最重要的集中体现。第二，维护祖国统一和民族团结。必须把维护祖国统一和民族团结作为爱国主义的重要着力点和落

---

[1] 习近平：《在纪念中国人民抗日战争暨世界反法西斯战争胜利69周年座谈会上的讲话》，《人民日报》2014年9月4日。

[2] 中共中央文献研究室编：《习近平关于全面建成小康社会论述摘编》，中央文献出版社2016年版，第123页。

脚点。从中华民族整体利益高度把握两岸关系大局，自觉维护全国各族人民大团结的政治局面，坚决维护国家主权、安全、发展利益，旗帜鲜明地反对分裂国家的图谋、反对破坏民族团结的言行，筑牢国家统一、民族团结、社会稳定的铜墙铁壁。第三，尊重和传承中华民族历史和文化。中华优秀传统文化是中华民族的精神命脉。对祖国悠久历史、深厚文化的理解和接受，是人们爱国主义情感培育和发展的重要条件。必须尊重和传承中华民族历史和文化，努力从中华民族优秀传统文化中汲取营养和智慧，以时代精神激活中华优秀传统文化的生命力，延续文化基因，萃取思想精华，展现精神魅力。第四，坚持立足民族又面向世界。中国的命运与世界的命运紧密相连，必须正确处理好立足民族与面向世界的辩证统一关系，把弘扬爱国主义精神与扩大对外开放结合起来，尊重各国的历史特点、文化传统、发展道路，从不同文明中寻求智慧、汲取营养，增强中华文明的生机活力，促进不同国度、不同文明相互借鉴、共同进步，共同推动人类文明向前发展。

（二）爱国主义教育是首都北京推进中华民族精神教育的核心

2014年10月15日，习近平总书记在文艺工作座谈会上讲话指出："在社会主义核心价值观中，最深层、最根本、最永恒的是爱国主义。爱国主义是常写常新的主题。"[1]爱国主义是把中华民族坚强团结在一起的精神纽带，是中国人民的祖国和民族意识的灵魂，中华民族精神的全部内涵都以此为主线来展开。北京建设全国文化中心就要推进中

---

[1] 中共中央文献研究室编：《习近平关于全面建成小康社会论述摘编》，中央文献出版社2016年版，第120页。

华民族精神教育，大力弘扬爱国主义精神，把爱国主义教育作为永恒的主题，把爱国之情、砥砺强国之志、实践报国之行融入祖国改革发展的伟大事业之中、融入人民创造历史的伟大奋斗之中，让爱国主义在首都奏响最强音，为实现中华民族伟大复兴的中国梦提供共同精神支柱和强大精神动力。

第一，践行"北京精神"，夯实首都中华民族精神教育基础。2011年11月2日，历经18个月的精心酝酿，经过290余万首都市民踊跃投票，北京市公布了"北京精神"的表述，即"爱国""创新""包容""厚德"。"北京精神"是首都人民长期发展建设实践过程中所形成的精神财富的概括和总结，体现了社会主义核心价值体系的要求，体现了首都历史文化的特征，体现了首都群众的精神文化追求。其中，"爱国"是"北京精神"的核心。北京历来具有"天下兴亡、匹夫有责"的强烈责任感、使命感，"五四运动"、七七事变、开国大典、抗震救灾、2008年奥运会等重大历史事件无不展现出北京人民时刻与民族命运紧密相连、心系国家发展、勇担时代使命的向心力与凝聚力。北京精神对全国文化具有影响带动作用。在北京建设全国文化中心过程中，开展中华民族精神教育，北京作为首都更要发扬爱国主义精神，爱祖国、爱人民、爱中国共产党、爱社会主义，把这种爱国精神转化为建设首都、推动首都发展的满腔热情，把这种爱国精神转化为弘扬培育中华民族精神的根基。首都全体人民要在爱国精神的引领下，勇于面对错综复杂的外部环境，敢于承担改革发展的繁重任务，树立讲政治、顾大局、树正气、重奉献的时代精神，提高战略思维能力，按照新时代要求完善发展战略和各项政策，使北京精神内化为全体市民的价值认同和精神追求，为凝聚和团结全市人民为首都发展、社会和谐贡献智慧和力量。

第二，紧扣爱国主义教育，构建首都中华民族精神教育体系。当代中国爱国主义既与改革开放之前的爱国主义一脉相承，又有因新的时代背景和社会条件而形成的新的爱国主义，具有了新的特点。习近平总书记指出："弘扬爱国主义精神，必须把爱国主义教育作为永恒主题。"[1] 实现中华民族伟大复兴中国梦是一代又一代中国人的梦想，也是一个长期追求和接续奋斗的过程，经过改革开放40余年的艰苦努力，我们处在距离实现中华民族复兴伟大梦想最近的地方。因此，实现这一梦想，成为当代中国爱国主义最鲜明的主题，就是当代中国人最神圣的使命。爱国主义从自发情感转化为自觉行为，离不开爱国主义教育的引导和涵育。构建首都中华民族精神教育体系，就要把爱国主义教育作为永恒主题，把爱国主义教育贯穿国民教育和精神文明建设全过程，生动传播爱国主义精神，唱响爱国主义主旋律。首都各大高校和科研院所要利用北京丰富的学术研究资源优势，深化爱国主义教育研究和爱国主义精神阐释，不断丰富教育内容、创新教育载体、增强教育效果。要充分利用北京改革开放的伟大成就、重大历史事件纪念活动、爱国主义教育基地、中华民族传统节庆、国家公祭仪式等形式来增强全体市民的爱国主义情怀，引领全国人民的爱国意识。要利用新媒体、新艺术形式拓展大学生爱国主义教育新阵地，创新大学生爱国主义教育形式，加强对青少年爱国主义认识和情感的引导，让爱国主义成为每一个北京市民的坚定信念和精神依靠。

第三，着眼于北京文化，促进中华民族精神教育制度化建设。

---

[1] 习近平：《大力弘扬伟大爱国主义精神 为实现中国梦提供精神支柱》，《人民日报》2015年12月31日。

爱国主义教育的素材非常广泛，从中华民族悠久的传统历史文化，到中华大地上瑰丽秀美的自然风光和丰富的物产资源，社会生活的各个领域里都蕴藏着极为丰富的爱国主义教育的瑰宝，北京地区的爱国主义教育资源更是丰富。从1997年至2019年，先后公布了六批爱国主义教育示范基地473个，其中，北京有29个[1]。这29个爱国主义教育基地中，既有反映中华民族悠久历史文化内容的，如故宫博物院；也有反映近代中国遭受帝国主义侵略和我国人民反抗侵略、英勇斗争内容的，如中国人民抗日战争纪念馆；还有反映现代我国人民革命斗争和社会主义建设时期内容的，如中国科学技术馆，等等。北京推动中华民族精神教育制度化建设，要充分发挥爱国主义教育基地的作用，深入开展群众性爱国主义教育活动，培育民族精神，广泛弘扬中国梦和社会主义核心价值观。依托首都文化建设分布，全面构建学校、家庭、社会紧密协作的教育网络，开展形势政策教育、国情教育、革命传统教育、改革开放教育、国防教育等，推动中华民族精神教育和社会主义核心价值观教育进机关、进社区、进学校、进农村、进企业、进家庭。当代中华民族精神教育还必须具有世界眼光。习近平总书记指出，"弘扬爱国主义精神，必须坚持立足民族

---

[1]北京拥有的29个爱国主义教育示范基地分别为天安门广场、中国历史博物馆、中国革命博物馆、中国人民革命军事博物馆、中国人民抗日战争纪念馆、故宫博物院、圆明园遗址公园、八达岭长城、周口店遗址博物馆、李大钊烈士陵园、焦庄户地道战遗址纪念馆、北京自然博物馆、中国航空博物馆、中国科学技术馆、北平抗日战争烈士纪念馆、香山双清别墅、首都博物馆、八宝山革命公墓、铁道兵纪念馆、中国法院博物馆、中国海关博物馆、中国妇女儿童博物馆、中国华侨历史博物馆、宋庆龄同志故居、北京新文化运动纪念馆、北京正负电子对撞机实验室、中国印刷博物馆、北京李大钊故居、没有共产党就没有新中国纪念馆。

又面向世界"[1]。要把北京文化走出去和促进中华民族精神教育结合起来，尊重各国历史文化传统，增强中华文明魅力，共同推动人类文明发展进步。

二、全面加强首都文明建设

（一）推动首都北京新时代精神文明建设开创新局面

从改革开放至今，我们党一直强调和十分重视社会主义精神文明建设工作。1978年在实现全党工作重心转移之后，中共中央及时提出了建设社会主义精神文明的任务和战略目标。1979年，叶剑英在庆祝中华人民共和国成立三十周年大会上的讲话中提出，我们要在建设高度物质文明的同时，建设高度的社会主义精神文明。[2] 同年10月30日，邓小平在中国文学艺术工作者第四次代表大会上的祝词中重申这一任务，此后又多次谈到精神文明建设问题。1981年十一届六中全会通过的《关于建国以来党的若干历史问题的决议》把"社会主义必须有高度的精神文明"作为适合中国国情的社会主义现代化建设道路的十个要点之一。自此，精神文明成为社会主义的重要特征，成为社会主义制度优越性的重要体现。1986年十二届六中全会做出的《中共中央关于社会主义精神文明建设指导方针的决议》、1996年

---

[1] 习近平：《大力弘扬伟大爱国主义精神 为实现中国梦提供精神支柱》，《人民日报》2015年12月31日。

[2] 中共中央文献研究室编：《三中全会以来重要文献选编》（上），人民出版社1982年版，第234页。

召开的十四届六中全会审议通过的《中共中央关于加强社会主义精神文明建设若干重要问题的决议》等，都是社会主义精神文明建设的纲领性文件。自从党的十五大起，我们高举了中国特色社会主义文化的旗帜。纵观改革开放以来我们党对精神文明建设的探索，可以发现，重视时代特点和实践要求，立足中国大地和社会主义基本制度是一条重要经验。[1] 党的十八大以来，中共中央把精神文明建设放在统筹推进"五位一体"总体布局和协调推进"四个全面"战略布局的重要位置，不断将精神文明建设推向更高水平。面对新形势、新任务，首都北京精神文明建设紧紧围绕中心、服务大局，大力弘扬社会主义核心价值观，始终坚持物质文明和精神文明一起抓，强化实践养成，在精神文明建设思路和理念方面有了新的进展，积极打造全国精神文明建设示范区。

第一，精神文明建设的重要性进一步增强，提升到全局性工作的战略地位。2016年6月，中共北京市委宣传部、北京市发展和改革委员会发布实施《"十三五"时期加强全国文化中心建设规划》，这是北京首次将加强全国文化中心建设规划列为市级重点专项规划。为更好地推进北京全国文化中心建设，2017年8月，北京市召开推进全国文化中心建设领导小组第一次会议，市委书记蔡奇以市推进全国文化中心建设领导小组组长身份出席。北京市推进全国文化中心建设领导小组为市委议事协调机构，与市文化改革和发展领导小组综合设置，一个机构、两块牌子。领导小组下设一办七组，主要职责是贯彻落实党中央、国务院关于加强全国文化中心建设的决策部署，组织制定全国

---

[1] 杨凤城：《从"建设高度的社会主义精神文明"到"培育和弘扬社会主义核心价值观"》，《北京党史》2014年第3期。

文化中心建设的总体战略、规划计划和政策措施，研究审议全国文化中心建设的重大举措、重点项目，协调解决全国文化中心建设中跨部门、跨领域的重点难点问题，统筹推进老城整体保护和长城文化带、大运河文化带、西山永定河文化带的保护、传承、利用，督促检查全国文化中心建设重要工作落实情况。[1]《"十三五"时期加强全国文化中心建设规划》的制定和北京市推进全国文化中心建设领导小组的成立，标志着北京市政府将统筹中央和地方文化资源，协调推动全国文化中心建设各项重点任务，标志着首都精神文明建设的重要性进一步增强。2020年3月7日，在市推进全国文化中心建设领导小组第六次会议上，蔡奇强调，要结合《北京市文明行为促进条例》的出台实施，进一步培育和践行社会主义核心价值观，让首都精神文明这面旗帜更加鲜亮。

第二，精神文明建设的内容进一步扩展，从社会意识形态、教育等拓展到政治、经济、文化、社会治理等各个环节。为加快建设国际一流和谐宜居之都提供道德支撑和精神动力，进一步凝聚社会正能量，首都精神文明建设继续扎实开展一系列的道德教育实践活动，例如，做好"北京榜样"活动品牌打造和推广工作，组织推荐、评选表彰第六届全国道德模范和首都道德模范，开展"首都精神文明建设奖"表彰奖励、各行业（系统）"最美群体"评选表彰和"我推荐我评议身边好人"活动，开展"诚实做人·守信做事"教育实践和诚信单位、诚信经营示范点主题实践活动，等等。加强未成年

---

[1] 北京市人大常委会教科文体卫办公室、北京市人大常委会研究室编著：《推进全国文化中心建设》，红旗出版社2012年版；《推进全国文化中心建设领导小组会议召开》，《新京报》2017年8月20日，http://www.sohu.com/a/165922242_114988。

人思想道德建设，培育正确的道德判断和责任，例如，组织开展主题教育实践活动、开展未成年人思想道德建设创新案例征集评选工作、组织中小学生参加争当"社区文明小使者"活动、创编更多的优秀少儿文化产品，等等。[1]抓好"礼在北京让出文明"等活动，巩固壮大志愿者、"红领巾"、红袖章队伍，打造首都文明亮丽风景线。[2]通过认真组织、开展上述活动，传递榜样力量，弘扬社会新风，推动个人提高道德实践自觉性，让道德之声广为唱响，转化为建设北京、发展北京的精神和力量，推动全市形成崇德向善、见贤思齐、德行天下的浓厚氛围，形成健康向上的社会道德风尚。

第三，精神文明建设着重突出中国传统文化的作用和地位。[3]传统文化是中华民族的文化根基，习近平总书记指出，"中华文明源远流长，蕴育了中华民族的宝贵精神品格，培育了中国人民的崇高价值追求"[4]。首都精神文明建设着力用中华优秀传统文化涵育核心价值观，深化中华传统文化的宣传和教育，充分发挥北京悠久历史和传统文化优势，不断挖掘和阐发优秀传统文化讲仁爱、重民本、守诚信、崇正义、尚和合、求大同的思想价值和精神追求。围绕这一点，北京市也举办和开展了很多主题活动和其他活动，例如，深化

---

[1]《2017年精神文明建设工作简报第1期·北京项目化推进2017年精神文明建设》，中国文明网，2017年1月19日，http://www.wenming.cn/ziliao/jianbao/jingshenwenming/201701/t20170119_4019077.shtml。

[2]《北京召开首都精神文明建设工作暨背街小巷环境整治提升动员部署大会》，《北京日报》2019年3月26日。

[3]孔一霖、王平：《十八大以来社会主义精神文明理论发展的新特点》，《学术交流》2015年第11期。

[4]习近平：《习近平谈治国理政》，外文出版社2014年版，第158页。

"我们的节日"主题活动，以春节、清明、端午等民族传统节日和北京地区性节日为契机，在民俗活动传统仪式中融入社会主义核心价值观，引导人们认知传统，尊重传统，弘扬传统。加强乡情村史陈列室建设、家风家训整理，推动核心价值观扎根优秀京味文化，融入市民群众精神血脉和精神家园，进一步传承和丰富京味特色文化。充分利用北京红色革命文化资源，广泛开展革命传统教育，加强对革命先烈和英雄人物事迹的宣传，引导全社会进一步呼唤英雄、崇尚英雄、学习英雄，共同抵制抹黑革命先烈、诋毁英雄人物的历史虚无主义现象和行为。此外，北京市一些文化单位和机构还聚焦处理好历史文化和现实生活、保护文化和利用、创新文化的关系，让收藏在博物馆里的文物、陈列在广阔大地上的遗产、书写在古籍里的文字都活起来，展现古都北京的历史文化风貌和独特城市魅力，让文物保护成果惠及更多市民群众。

（二）生态文明建设是首都北京精神文明建设的题中应有之义

以习近平同志为核心的党中央高度重视推进生态文明建设，明确提出走向社会主义生态文明新时代，建设美丽中国的目标。党的十八大把生态文明建设纳入中国特色社会主义事业五位一体总体布局。党的十八届三中全会通过的《中共中央关于全面深化改革若干重大问题的决定》提出，要紧紧围绕建设美丽中国深化生态文明体制改革，加快建立生态文明制度。2015年3月，中共中央政治局召开会议审议通过的《关于加快推进生态文明建设的意见》指出，生态文明建设事关实现"两个一百年"奋斗目标，事关中华民族永续发展，是建设美丽中国的必然要求，对于满足人民群众对良好生态环境新期待，形成人与自然和谐发展现代化建设新格局，具有十分重要的意义。党的十九大报告也指出,我们要建设的现代化是人与自然和谐共生的现代化,既要创造更多物质财富和精神财富以满足人民日益增长的美好生活需要,也要提供更多优质生态产品以满足人民日益增长的优美生态环境需要。生态文明建设是中国特色社会主义事业的重要内容,关系人民福祉,关乎民族未来,关乎"两个一百年"奋斗目标和中华民族伟大复兴中国梦的实现,必须从全局和战略高度认识加快推进生态文明建设的极端重要性和紧迫性。改革开放以来,北京不断探索自身功能定位,逐步加强生态文明建设,其成效主要体现在生态效率突出、森林覆盖率扩大、水资源优化、垃圾资源化水平提高、生物多样性丰富、"美丽乡村"增多、城乡共建显著等几个方面。[1]据统计,2013年以来,北京市启动安排了重点工程生态环境提升项目共计133项,总投资超过2500亿元;近5年来,生态环境提升项目资金投放量年均增长超过10%;截至2017年5月,已完成投资超过2000亿元。[2]党的十八大以来,北京市更加认识到生态文明建设的重大意义,坚持绿色发展理念,把生态文明建设融入经济、政治、文化、社会建设等各个方面和全过程,进一步发挥政府支持作用和公众主体作用,建立系统完整的制度体系,推动落实首都城市战略定位,加快建设国际一流的和谐宜居之都。

第一,以绿色发展理念推进首都生态文明建设。在创新、协调、绿色、开放、共享这"五大发展理念"中,绿色发展理念是关系到我国发展全局的一个重要理念。绿色发展理念以人与自然和谐为价值取

---

[1] 周文华:《北京市生态文明建设的成效、问题及对策》,《北京联合大学学报》(人文社会科学版)2015年第3期。

[2] 《"北京市推进生态文明建设成就"新闻发布会》,搜狐·首都之窗,2017年6月13日,https://www.sohu.com/a/148494833_203914。

第四章　以社会主义核心价值观为引领，建设中国特色社会主义首善之区 · 89

向，以绿色低碳循环为主要原则，以生态文明建设为基本抓手。绿色发展契合了生态治理的现实诉求，有利于更好应对资源环境约束挑战，促进全面建成小康社会和生态文明建设；有利于在多个方面创新生态治理机制，进一步完善生态治理体系、改进生态治理方式、提升生态治理水平；有利于将保护和生态治理纳入到发展体系，在绿色发展中增进民生福祉。[1] 北京市委书记蔡奇这样概括北京的发展思路："现阶段的北京，减量发展是特征，绿色发展是基础，创新发展是出路，而且是唯一出路。"[2] 在2017年12月26日由国家统计局发布的我国首份政府层面发布的绿色发展指标报告，即《2016年生态文明建设年度评价结果公报》中，2016年北京在绿色发展指数这个总指标及环境治理、增长质量、绿色生活三个分指标中的排名都居全国首位。[3] 党的十八大以来，北京全方位、全地域、全过程开展生态环境保护，经历从"绿起来""美起来"到"活起来"的历史性转变，绿色发展指数居全国首位。[4] 这些充分说明北京市深入推进生态文明建设，围绕大气治理、生态环境、交通建设、城市管理等群众最关心的重点工作，取得了明显成效。为进一步加快北京市形成崇尚绿色发展、绿色生活的社会风尚，确保生态环境质量明显改善，首先，要以绿色发展理念统领首都生态文明建设，坚持习近平总书记提出的"绿水青山就

---

[1] 王丹、熊晓琳：《以绿色发展理念推进生态文明建设》，《红旗文稿》2017年第1期。
[2] 《北京：转型发展风鹏正举（壮丽70年奋斗新时代·推动高质量发展调研行）》，《人民日报》2019年4月8日。
[3] 《首份绿色发展指数成绩单 北京居首》，北京商报网，2017年12月26日，http://www.bbtnews.com.cn/2017/1226/224045.shtml。
[4] 《绿起来 美起来 活起来——北京"领跑"绿色发展》，新华网，2019年5月1日，http://www.xinhuanet.com/politics/2019-05/01/c_1124442247.htm。

是金山银山"的科学治理理念,破解绿色发展难题、厚植绿色发展优势、增强绿色发展动力,增强全面建成小康社会的生态底色[1];其次,要积极探索绿色发展产业体系,强化绿色发展的科技支撑,让绿色发展理念入脑入心,推动北京真正形成绿色发展方式和生活方式。

第二,加强北京生态文明制度机制建设。北京市委书记蔡奇指出,"良好的生态是最普惠的民生福祉,生态文明应当成为首都一张亮丽的金名片","在城市空间布局中,生态涵养区处于'压轴'位置"。[2]首都北京要实现生态文明高质量发展,满足人民群众对美好生活的向往,必须加快推进生态文明体制改革,加强生态文明制度建设,建立系统完整的生态文明制度体系,实行严格的源头保护制度、损害赔偿制度、责任追究制度,完善环境治理和生态修复制度,使各制度之间形成互相支持的有机统一整体。首先,充分发挥北京科技、文化资源集中的优势,建立生态文明科技创新机制,加快战略性新兴产业的培育发展和传统产业的优化升级,为节能减排、绿色工业可持续发展提供动力,为生态文明建设提供重要支撑。其次,加强政策引导,创新生态经济发展模式。北京市按照"以生态文化提升产业,以生态产业传播文化"的理念,深入挖掘生态产业的文化内涵,推动生态、休闲产业转型升级,拓宽生态产业投入渠道,打造文化、产业、生态相结合的发展新模式。最后,健全促进生态文明建设的法律法规。北京先后制定了《北京市2013—2017年清洁空气行动计划》《北京市"十三五"时期水务发展规划》《北京市"十三五"时期城乡环境建设规划》《北京市"十三五"时期环境保护和生态建设规划》《北京市"十三五"

---

[1] 王丹、熊晓琳:《以绿色发展理念推进生态文明建设》,《红旗文稿》2017年第1期。
[2]《生态文明应当成为首都一张亮丽金名片》,《北京日报》2018年1月28日。

时期能源发展规划》《关于推动生态涵养区生态保护和绿色发展的实施意见》等多项生态建设与环境保护规划，内容涵盖了空气、水资源、绿地、生态、能源等领域，各个规划之间的统一与衔接逐步加强，各个规划目标统筹协调，进一步推动了规划合作。

第三，发挥政府主体地位和主导作用，引导全社会共同参与生态文明建设。新形势下，加快推进生态文明建设是首都转变经济发展方式、缓解资源环境约束、实现城市可持续发展的必由之路，是满足人民群众过上更好生活新期待、建设美丽中国的必由之路。生态文明建设是一项长期性、战略性、持续性和创新性的任务，北京市立足国家首都的城市战略定位，以提高公众生态文明素养和环保参与能力，广泛地传播生态文明理念，培育绿色发展的社会价值观为重要任务，来加强首都生态文明建设。北京市政府特别是相关职能部门已成为生态文明建设的主导力量，把生态文明制度建设作为政府工作的重要内容，融入经济、政治、文化、社会各方面建设和全过程。首先，在落实首都战略定位中推进首都生态环境改善，把环境治理问题与落实首都城市战略定位紧密结合起来，将不符合首都功能定位的工业行业、生态工艺进行调整，大力发展高端产业和服务业，加强科技创新中心建设，培育经济发展新动能，实现首都发展提质增效与生态环境改善的双赢。其次，倡导绿色生活方式，改变不合理消费方式。"美丽中国"不仅是生态文明的概念，也是道德文明的概念。树立健康的消费理念，倡导绿色消费、集约消费，引导居民合理适度消费；鼓励购买绿色低碳产品，使用环保可循环利用产品；加强城乡公共服务能力建设，运用价格手段调节引导居民绿色居住和出行，大力扶持绿色交通。最后，增强公众参与和监督，调动全社会力量。主动及时公开生态文明建设和环境建设信息，提高透明度，更好落实广大人民群众的知情权、监督权，积极发挥新闻媒体和民间组织作用，自觉接受舆论和社会监督。

三、全面推进新型首都公民素质建设

（一）首都道德素质建设是提高新型首都北京公民素质的基础工程

道德是人类社会发展到一定阶段的必然产物，是特殊的意识信念、行为准则、评价选择等方面的总和，是调节社会关系、发展个人品质、提高精神境界等活动的动力。在当代中国，道德在社会生活中所起的作用越来越重要，对于促进社会和谐与人的全面自由发展的作用越来越突出，道德的发展和进步也成为衡量社会文明程度的重要尺度。党的十八大报告强调，全面提高公民的道德素质是我国现阶段社会主义道德建设的基本任务，并将其作为建设社会主义文化强国的重要内容和前提。2013年11月26日，习近平总书记在山东曲阜孔府和孔子研究院参观考察时也指出，"国无德不兴，人无德不立。必须加强全社会的思想道德建设，激发人们形成善良的道德意愿、道德情感，培育正确的道德判断和道德责任，提高道德实践能力尤其是自觉践行能力，引导人们向往和追求讲道德、尊道德、守道德的生活，形成向上的力量、向善的力量"[1]。这给我国新时期的道德建设指明了方向。为"努力使北京成为城市文明形象、社会道德风尚、市民文明素质的首善之区"[2]，北京从各个方面加强社会主

---

[1] 习近平：《汇聚起全面深化改革的强大正能量》，《人民日报》2013年11月29日。
[2]《努力使北京成为城市文明形象社会道德风尚市民文明素质的首善之区》，《北京日报》2018年3月29日。

义核心价值观和中国梦教育，全面推进社会公德、职业道德、家庭美德、个人品德建设，注重家庭、家教、家风建设，弘扬法治精神，引导社会崇德向善，提高市民文化素养，从而全方位提高城市的文明程度、社会风尚和道德风尚。

第一，以社会主义核心价值观为引领，进行首都公民道德素质建设。思想道德素质是公民素质中居于首位的精神素质，是其思想意识的集中体现，是个体的灵魂。社会主义核心价值观是当前我国公民道德的总要求、总规范，是当代中国公民道德建设的导航灯。以社会主义核心价值观引领公民道德素质建设，有利于提高个人道德修养、促进社会和谐发展和解决社会道德问题。首都以社会主义核心价值观为引领进行公民道德素质建设，首先，把理想信念教育放在重要位置，引导市民把坚定走中国道路、实现中华民族伟大复兴中国梦的远大理想与建设国际一流的和谐宜居之都首善之区统一起来，与建设"美丽首都""做文明有礼的北京人"统一起来，巩固和拓展"北京榜样""百姓宣讲""中国梦365个故事"等宣传品牌，坚持正确舆论导向，传播主旋律，用榜样力量引领全社会崇德向善。其次，加强社会公德和职业道德建设，抓好以文明礼仪养成和法治思维培养为重点的未成年人思想道德建设，切实做好大学生思想政治教育工作，深入开展"北京榜样"、身边好人、道德模范等宣传教育活动，引导广大市民把实现中国梦的远大理想落实到从我做起、努力提升自身道德与文明素养的实际行动之中，落实到爱岗敬业、助人为乐、孝老爱亲、爱护环境等具体道德行为之中。最后，广泛开展公共文明引导行动，坚持开展"礼让斑马线""空调调高一度"等活动，充分发挥"八大员"队伍作用，在礼让、环境、秩序、服务、观赏、网络、旅游等各领域引导人们注重修养品德、保持良知、增强爱心、弘扬社会文明新风,着力实现城市文明程度的显著提升。

第二,大力弘扬传统美德,推进首都公民道德素质建设。中华传统美德是中华文化的精髓,蕴含着丰富的思想道德资源,是社会主义道德建设的源头活水。提高首都公民道德素质,必须继承优秀传统文化,将其根植于中华民族的精神土壤之中。习近平总书记指出:"今天,中华民族要继续前进,就必须根据时代条件,继承和弘扬我们的民族精神、我们民族的优秀文化,特别是包含其中的传统美德。"[1]党的十八大以来,北京市积极推进首都公民道德素质建设,大力弘扬中华传统美德。首先,增强"四个意识",坚决维护以习近平同志为核心的党中央权威和集中统一领导。在中华传统道德的发展演化中,始终强调整体利益、国家利益和民族利益的重要性。北京是中国的首都,讲政治永远是第一位的,北京各级党员干部以实际行动,从国家利益和整体利益出发,坚决维护党中央权威和集中统一领导,坚决贯彻党中央做出的各项决策部署。其次,加强对中华传统美德的挖掘和阐发。总结传统美德中丰富的思想道德资源,把其中具有当代价值的美德精神发掘出来,努力推动中华传统美德的创新性转化和创新性发展;立足于面向大众、面向人民,发挥中华传统美德人伦日用的化育功能,用中华传统美德滋养首都道德素质建设,丰富市民精神文化生活。最后,发扬中国革命道德精神力量。中国革命道德是对中华美德的继承和发展,它是克服前进道路上一切困难的重要精神支柱,是战胜千难万险的重要力量源泉。新时代新背景下更要继承北京地区诞生的革命道德传统,以解决道德领域出现的突出问题(如诚信缺失、奢侈浪费、贪污腐败等)为突破口,培育良

---

[1] 习近平:《习近平谈治国理政》第1卷,外文出版社2018年版,第181页。

好的社会道德风尚，凝聚崇德向善的正能量。

第三，提高法治意识，增进首都公民道德素质建设。习近平总书记指出："法律要发挥作用，首先全社会要信仰法律；道德要得到遵守，必须提高全体人民道德素质。要加强法治宣传教育，引导全社会树立法治意识，使人们发自内心信仰和崇敬宪法法律；同时要加强道德建设，弘扬中华民族传统美德，提升全社会思想道德素质。"[1]近些年，北京市民法治意识增长很快，法治建设和道德建设相互促进、相互补充，把首都公民道德素质建设提高到一个新的高度。首先，把全民普法和全民守法作为北京民主法制建设的基础性工作。健全公共法律服务体系，提高党员干部法治思维和依法办事能力，开展"学法、知法、守法、用法"的普法教育，营造良好法治氛围；推进基层依法治理，增强全体市民学法守法尊法用法观念，提高全民法治意识，使广大市民成为社会主义法治的忠实崇尚者、自觉遵守者、坚定捍卫者。其次，加强法治社会建设，提升城市治理能力。更好地发挥政府作用，推进社会治理创新，完善党委领导、政府主导、社会协同、公众参与、法治保障的社会治理体制，注重运用法治思维和法治方式建设和管理城市，促进城市治理体系和治理能力现代化，加快形成与首都战略定位相匹配的城市管理体系，营造一流法治环境，建设法治中国首善之区。最后，提倡道德自觉。法律是成文的道德，道德是内心的法律。道德对法治具有滋养、支撑的作用。要把公民法制教育与道德教育紧密结合起来，大力弘扬爱祖国、爱首都、爱北京的主旋律，增强自律意识和道德责任感，使道德自觉

---

[1]习近平:《坚持依法治国和以德治国相结合 推进国家治理体系和治理能力现代化》，《人民日报》2016年12月11日。

成为社会主义核心价值观最坚实的心理基础和支撑整个社会道德体系的主要力量，不断提高市民的道德自信和法治意识。

（二）党员干部道德建设是首都北京公民素质建设的关键环节

习近平总书记强调指出，领导干部要讲政德。政德是整个社会道德建设的风向标。立政德，就要明大德、守公德、严私德。明大德，就是要铸牢理想信念、锤炼坚强党性，在大是大非面前旗帜鲜明，在风浪考验面前无所畏惧，在各种诱惑面前立场坚定。守公德，就是要强化宗旨意识，全心全意为人民服务，恪守立党为公、执政为民理念，自觉践行人民对美好生活的向往就是我们的奋斗目标的承诺。严私德，就是要严格约束自己的操守和行为。所有党员、干部都要戒贪止欲、克己奉公，切实把人民赋予的权力用来造福于人民。[1]当前北京发展中还面临许多困难和挑战，工作中也存在一些不足，例如，部门职能转变、党员干部能力素质还跟不上发展的新形势，全面从严治党还有不少薄弱环节，党风廉政建设和反腐败斗争形势依然严峻复杂。[2]北京各级党员干部是北京进行改革开放、建设国际一流的和谐宜居之都首善之区的领导者、组织者、实施者、践行者，其道德形象直接影响其领导与组织的权威性、有效性，也影响其执政的合法性及执政的效果。自古以来，官员的道德状况直接影响到整个社会道德风气的好坏。因此，北京市党委政府特别重视各级党员干部道德建设，加强他们的道德操守和官德修养，大力加强反腐倡廉教育和廉政文化建设，筑牢拒腐防变的思想道德防线。

---

[1]《立政德，就要明大德、守公德、严私德》，《人民日报海外版》2018年3月11日。
[2]《中国共产党北京市第十二次代表大会报告全文》，《北京日报》2017年6月27日。

第一,各级领导干部要为社会道德建设立好风向标。2014年5月,习近平总书记在河南考察时强调指出:"建设一支德才兼备的高素质执政骨干队伍,是我们事业成功的根本保证。"[1] 新形势下的北京市各级党员干部道德建设,着眼于实效、着力于创新,依据党员干部道德建设的一般规律,采取了多管齐下、内外兼修、突出重点、全面推进的方式方法。首先,把严守政治纪律、政治规矩摆在首位。做严守纪律、讲规矩的表率,带头学习党章党规党纪,把党的六大纪律深刻印在心上,把他律要求转化为内在要求,从源头上培育拒腐防变的"基因";牢固树立"四个意识",坚决维护习近平总书记在党中央、全党的核心地位,坚决维护党中央权威和集中统一领导,自觉做到"三个一""四个决不允许"[2]。其次,始终保持同人民群众的血肉联系。牢固树立全心全意为人民服务的宗旨意识,坚持以钉钉子的精神打好作风建设持久战,深入群众,自觉反对"四风";持续开展严肃查处群众身边的不正之风和腐败问题专项工作,加大惩治"小官贪腐"力度,以维护群众切身利益的扎实成效取信于民。最后,党员干部特别是领导干部务必把加强道德修养作为十分重要

---

[1]《习近平在河南考察时强调:深化改革发挥优势创新思路统筹兼顾 确保经济持续健康发展社会和谐稳定》,《人民日报》2014年5月11日。

[2] "三个一"指,听从一个号令,即一切听从以习近平同志为核心的党中央指挥;带出一支队伍,即带出一支对党忠诚、让党中央充分信赖放心的干部队伍,为党中央站好岗、放好哨;干好一件事情,即推动习近平新时代中国特色社会主义思想在京华大地落地生根、开花结果,进一步形成生动实践。"四个决不允许"指,决不允许妄议中央、说三道四;决不允许阳奉阴违、搞两面派、做两面人;决不允许见怪不怪、纵容附和社会上错误思潮;决不允许搞团团伙伙,搞山头主义、圈子文化、码头文化。参见《2018年市直机关党建工作要点》,北京市直机关党建网,2018年3月19日,http://www.bjszjggw.gov.cn/res/bulletin/1017_13123/0319_130017.html。

的人生必修课，不断加强思想道德修养，培养健康生活情趣，坚守共产党人的精神高地，以严格标准加强自律、接受他律，努力以道德的力量去赢得人心、赢得事业成就。

第二，党员干部的政治道德建设是廉政文化建设的重要环节。习近平总书记曾深刻地指出："在历史的长河中，那些帝国的崩溃、王朝的覆灭、执政党的下台，无不与其当政者不立德、不修德、不践德有关，无不与其当权者作风不正、腐败盛行、丧失人心有关。"[1]北京作为首都，必须坚持以首善标准管党治党，严肃党内政治生活，强化党内监督，严明政治纪律和政治规矩，加强政治道德建设和党员干部道德建设。首先，坚守清正廉洁的为官底线。带头执行廉洁自律各项规定，树好廉洁自律的"风向标"，不断锤炼党性、磨炼心性，随时发现和清除思想上的灰尘和污渍，勒紧心中的"紧箍咒"，构筑起不想腐的思想堤坝，以思想上的清醒保证用权上的清醒，不断增强宗旨意识，始终保持共产党人的高尚品格和廉洁操守。其次，坚持以首善标准管党治党，永葆党的先进性和纯洁性。扎实推进"两学一做"学习教育常态化制度化，锻造一支与实现"两个一百年"奋斗目标相适应、与首都地位相匹配、忠诚干净担当的高素质干部队伍；强化监督执纪问责，深化"为官不为""为官乱为"专项治理，营造风清气正的良好政治生态。最后，抓好中央巡视和巡视"回头看"反馈意见整改落实。严格落实中央八项规定精神，强化党内监督，实现纪检监察派驻和巡视全覆盖；坚定不移推进党风廉政建设和反腐败斗争，坚持以"零容忍"态度惩治腐败，严肃查处群众身边的不正之风和腐败问题，有效整治"小官贪腐"和"微权力"腐败，有效遏制"四风"顽症。

---

[1]习近平：《之江新语》，浙江人民出版社2007年版，第258页。

四、发展中国特色、首都特点的大众文化体系

(一)以社会主义先进文化推动首都北京大众文化健康发展

20世纪80年代后,改革开放和市场经济为文化多样性的发展创造了有利条件,大众文化蓬勃兴起,逐渐成为当今社会主义文化形态。一般来说,大众文化是以工业方式进行批量生产、以消费意识形态进行筹划、以商业模式进行流通、以现代媒介为传播载体的当代文化形式,[1]具有显著的消费性、娱乐性、市场性、商品性、流行性、日常性等特点,电影、电视、流行音乐、通俗文学、网络文化等是其基本类型。大众文化是最直接、最经常地满足人民群众精神需要、提高人民群众精神素质的文化平台,以其强大的渗透功能进入到大众生活的方方面面,无时无刻不影响着人们的价值观念、思维方式、道德情操和行为方式,对当代中国社会精神文化生活产生了深远影响。自觉以社会主义先进文化引领大众文化,是推动北京全国文化中心建设的题中应有之义。以社会主义先进文化推动首都大众文化健康发展,是牢固和弘扬社会主义核心价值观、增强大众文化的德育功能和精神引领

---

[1]对"大众文化"概念的界定,理论界一直存在分歧,学者们从不同的理论、方法和视角进行了研究,提出了不同的观点。法兰克福学派认为,大众文化是指通过大众传播媒介,如广播、广告、电视、电影、报纸、杂志等流行于人民大众的通俗文化。金元浦在《定义大众文化》(参见《中华读书报》2001年7月4日)一文中指出:"大众文化是一个特定的范畴,它主要是指兴起于当代都市的,与当代大工业密切相关的,以全球化的现代传媒为介质大批量生产的当代文化形态,是由消费意识形态来筹划、引导大众的,采取时尚化运作方式的当代文化消费形态。"王一川在《当代大众文化与中国大众文化学》(本文选自张凤铸等著《全球化与中国影视的命运——首届中国影视高层论坛论文集》一书,北京广播学院出版社2002年版,第159~169页)一文中,对大众文化所下的定义为:"大众文化是以大众传播媒介为手段,按商品市场规律去运作的,旨在使大量普通市民获得感性愉悦的日常文化形态。"

作用、全方位提升首都文化人文精神和人文品质的内在要求，是推动北京城市现代化建设发展的重要力量。北京作为国家理念、科技、制度、文化创新发展的重要策源地，富集了众多国家级文化创新资源和平台，引领了全国乃至世界流行文化、大众文化的发展方向，首都大众文化快速、健康发展。

第一，以社会主义核心价值观作为发展首都大众文化体系的灵魂。首都主流意识形态与首都大众文化具有内在一致性，首都大众文化的生长空间与社会主流价值观的浸淫相互促进、共同发展。实际上，随着大众文化的发展，尤其是党的十八大以来，大众文化中积极向上、睦邻友善、催人奋进、扬善惩恶等正面的文化内容和价值逐渐占据上风，首都大众文化对于社会主义核心价值观呈现认同态势。首先，首都大众文化的灵魂与社会主义核心价值观的要求相一致。社会主义核心价值观体现了中华民族优秀传统文化精神，蕴含了近现代以来中国人民为实现民族独立、人民解放的信仰和信念，所包含的某些要素或特质是人民最普遍的文化认同与文化诉求的对象，是大众文化的价值追求。作为政治文化中心的首都，其大众文化价值观与社会主义核心价值观是契合的，这使得社会主义核心价值观成功引领首都大众文化成为必然。其次，社会主义核心价值观是需要被进一步大众化的价值观体系。社会主义核心价值观借由首都大众文化丰富多样的表现形式和载体，为其自身大众化、通俗化提供了新的文化路径。通过社会主义核心价值观的文化引领作用，首都大众文化中蕴涵的各种多样化社会思潮，能够最大限度达成思想共识，进而形成为市民们普遍接受和欢迎的大众文化。最后，首都大众文化只有由社会主义核心价值观引领，才能促进维护国家文化安全和增强文化自信。当前各国、各地区、各城市大众文化之间的交流和互动越来越多，尤其各国的社会核心价值体系常常依附于大众文化且通过大众文化反映、彰显,因此,我们要将社会主义核心价值观与首都大众文化深度融合,推动社会主义文化繁荣发展,让社会主义核心价值观顺利"走出去",向世界宣传和展示富有中国特色社会主义的大众文化。

第二,以德育功能和精神引领作为首都大众文化体系建构的关键。大众文化内含的价值观及其文化倾向对社会成员思想行为的影响力越来越持久,使人们在不知不觉中形成和改变着自己的价值观念、思维方式,进而影响了人们的社会行为。首都大众文化多样、新颖,极具思想性,其市场化、商业化运作成熟,为全国民众的接受度高,所传递的价值和理念在其传播过程中潜移默化的渗透力也更强。因此,首都大众文化的德育功能和精神引领作用也更为突出。首先,大力发扬首都大众文化的道德教化功能。大众文化蕴涵着一定的道德内涵和伦理价值,承载着一定的道德责任,体现着一定的道德追求。德育功能是首都大众文化重要的社会功能之一,关系到个体的改造和提升,也关乎首都文化繁荣和国家文化软实力的彰显,必须加以重视和发扬。其次,强化首都大众文化的精神引领作用。大众文化对大众的社会生活和精神生活产生重要影响,通过人们的社会交往活动对社会群体进行打造、锤炼,影响其世界观、人生观和价值观的建构。当前是北京落实首都城市战略定位、加快建设国际一流的和谐宜居之都的关键阶段,要强化大众文化的精神引领作用,推动全市人民凝聚起开创首都发展的磅礴力量,奋力谱写中国梦的北京篇章。最后,创新首都大众文化的德育功能和精神引领方式。首都大众文化所处的物质世界极度丰富,精神世界更为多元、开放,人们可以根据自己的所需进行索取,并且可以参与到文化制作中。在保持大众文化休闲性和娱乐性的同时,北京采用了大众更易于接受、喜闻乐见的形式,展示正确的人生态度和向善的道德精神，将大众文化的道德教化功能和精神引领作用充分发挥出来。

第三，以全方位提升首都大众文化的人文精神和文化品质为目标。大众文化作为文化发展到现代社会的一种重要形态，在中国是一个新生事物，存在着一些值得注意的问题，如文化生产的数量和质量失衡、市场逻辑驱动导致人文精神缺失、文化消费主义造成价值观念危机等。[1]因此，应重视市场经济下大众文化的社会影响，注意确保文化产品质量及其正面的价值导向作用。首都北京大众文化反映了一国首都的精神风貌和文化软实力，对它的发展过程进行调节和控制、对它进行人文精神和文化品质方面的提升十分必要。首先，在首都大众文化中注入精英文化的审美性、启蒙性、科学性，提升大众文化品质和品位。精英文化作为知识分子文化的主要表现形态，是新知识、新观念、新方法的创造主体，精英文化应主动承担起改造国民素质、提升大众文化、建设人文社会的历史重任，积极介入大众文化，传播人文价值理想、推广人文知识与方法，提升首都大众文化的人文价值含量与质量水准。其次，筑牢底线思维，建设文明洁净的首都大众文化环境。加大对大众文化作品的关注和甄别力度，充分肯定弘扬主流价值导向的作品，而对于低俗化、价值导向明显错位的作品要一票否决；通过文化批判适时地予以警醒、反思、扬弃，让大众文化始终传递着正面、积极的价值观念；完善法律法规红线，净化大众文化环境，营造一个健康、文明、向上的首都大众文化空间。最后，兼容并蓄、多元互融是首都大众文化发展

---

[1] 苗元华：《当下中国大众文化发展的现实问题及其影响》，《文艺理论与批评》2013年第2期。

的源泉。首都大众文化不仅要大量生产出贴近大众生活、具有先进文化倾向、群众喜闻乐见的文化作品，而且要主动寻求与红色文化、传统文化遗产、民间文化、传统风俗等的深度融合，使大众文化成为宣传优秀传统文化精神、引领正确价值导向、内塑时代精神品格的重要载体，推动加强首都大众文化的现代精神。

（二）尊重大众创造，尊重差异，筑牢首都北京市场经济的文化基础

大众文化的追求与当代中国的时代主题具有内在一致性。改革开放以后，中华民族在历史传承上形成的以爱国主义为核心的团结统一、自强不息、勤劳勇敢的伟大民族精神基础上，又形成了勇于改革、敢于创新的时代精神。作为这些精神的一种反映，大众文化市场生产出了众多异彩纷呈、独具特色、极具内涵的文化产品。随着传媒内容、传输通道和传播功能的不断更新、交融，作为一种开放的、极具活力的文化形态，当代中国大众文化已经越来越趋向于多种表现形式、多种媒体形式和多种感官体验的融合，新的产品样式层出不穷。[1] 因而在全面建成小康社会的决胜阶段，促进中国大众文化推陈出新，生产和传播具有先进文化品质的大众文化产品，增强大众文化的凝聚力和创新力，增强社会主义市场经济的大众文化底色是一项十分重要的任务。北京大众文化的现代性、商业性、流行性、人文性程度高，大众文化产品倾向于生产过程中的都市化、内容的参与性和全球化，产品质量和技术要求也相对较高，因此，首都大众文化十分注重以社会主义核心价值观为引领，以人为本，尊重和包容大众的多样创造，同时，

---

[1] 荀洁、徐国源：《当代中国大众文化分类问题刍议》，《长江大学学报》（社会科学版）2013年第9期。

注重大众文化产品生产的经济规律和行业特点,促进经济效益的同时坚持社会效益优先,努力构建现代化的大众文化市场,和而不同地构建首都市场经济的文化基础。

第一,正确引导大众消费文化理念,推动首都大众文化产业繁荣。大众文化在提升大众综合文化素质、提高经济效益、推动文化艺术平民化等方面起到了积极作用,然而其也有助长消费享乐主义、强化大众商业文化霸权的消极面。这些消极面遮蔽了大众文化的真正价值,因此,对大众消费文化理念需要正确引导。首先,引导民众形成正确的消费文化理念。社会主义核心价值观来源于大众,是大众的价值导引和行动指南。首都大众文化要在社会主义核心价值观引领下,紧扣大众的精神脉搏,排解大众思想上的迷雾,提升大众的精神境界,体现全体首都人民的思想和理念。要借用大众文化中通俗、流行的元素,使大众自觉成为践行社会主义核心价值观的主体,而不是旁观者。其次,提高首都大众文化消费者的辨别力与审美能力。大众是大众文化消费的"终端",其价值标准和审美趣味很大程度上影响着大众文化产品和文化活动的价值取向,北京市政府和社会各界、家庭、学校要引导消费需求,摆正消费与需要的关系,规范自身需要,尤其引导青少年树立正确的世界观、人生观、价值观,建构健康的生活方式和消费方式。最后,从品质优良的大众文化产品出发,建构健康的消费文化。个人的消费需求是消费领域社会竞争的来源之一,但是"消费不仅仅是我们日常可见的经济现象,也是一种伦理文化现象"[1],要立足于消费者的实际需求,利用首都创新资源集中优势,实施创新驱动战略,引领进入个性化、多样化与

---

[1] 魏晓燕:《高技术社会消费伦理研究》,人民日报出版社2014年版,第1页。

创造性消费新时代，使全市社会生产、大众文化消费和社会秩序处于和谐健康状态。

第二，重视并增强首都大众文化的传播能力和传播效力。当前我国的文化市场和消费力增长最快、最具影响力，本土文化资源极为丰富和多样，这些为我们在创造自己的文化影响力方面奠定了现实基础。只要牢固坚持自身主体性，坚持自己的民族文化精神和内在气质，在人们喜闻乐见的大众文化领域里多方面发展，让大众文化始终保持其旺盛的活力，大众文化的影响和传播就会真正发挥作用。[1]北京十分重视加强大众文化传播力的建设。首先，文化"走出去"是首都大众文化发展的重要途径。将首都大众文化"送出去"，就是将中国的国家和民族的价值观念、思想意识、生活方式向全世界呈现、辐射，有利于我们抵御其他强势文化的同化，增进和提升文化认同感和民族国家认同感，确立在世界大众文化体系中的地位。通过这种方式，能够大大推动首都大众文化的发展。其次，扩大和加深与国外大众文化的交流、对话和合作。加强与国际文化资本合作，提高首都大众文化在国际市场上的竞争力；打造首都大众文化精品工程，鼓励和推动其参与世界各类评奖、展览和会演等活动；利用多种媒介形式向国外传播首都大众文化，宣传首都大众文化精品。最后，强化首都大众文化品牌意识，在文化传播媒介变革中提升品牌价值。建构首都大众文化品牌，利用产业化交流平台，扩大大众文化产品的市场占有率，着力发展具有中国特色、北京特点的大众文化形象。此外，重视新兴传播媒介的运用和发展，不断拓展主流意识形态传播的渠道和空间，这也是首都大众文化发展的必然趋势。

---

[1] 陶家璇：《张颐武：让大众文化助力文化传播》，《中国政协》2019年第10期。

第三，始终强调首都大众文化现代化与城市发展现代化的和谐统一。作为首都现代化的标志之一，首都大众文化能促进现代理念最大限度地扩展和影响社会各个层面，使大众紧跟现代新理念，营造现代新生活，促进形成首都大众文化现代化和城市现代化相互促进的良好局面。首先，正确对待首都大众文化领域的新现象和新趋势。提升对新情况、新增长点的敏感度，对大众文化领域新现象多做调研，在政策上鼓励文化产业链的下游企业、传统企业；在坚守价值底线和价值提升要求的基础上，实行弹性管理、柔性管理，多倾听公众意见；重视市场选择作用，对政治上、伦理上无害的文化产品，给予发展空间，促进更多优质产品涌现。其次，坚持人民主体的价值原则，这是首都大众文化现代化的基本原则。人民主体是首都现代化建设、实现北京梦的基础。在进行大众文化创作时，把人民放在核心位置，坚持以人民为中心的创作导向，充分体现人民利益和愿望，自觉从广大市民生活中汲取题材、主题、情节、语言等，用人民创造历史的奋发精神哺育自己，满足多层次、多方面的大众文化需要。最后，对首都大众文化传媒进行规范管理。首都大众文化传媒如何对待和报道娱乐新闻、如何组织大众文化活动、如何把握舆论导向，直接关系到首都大众文化发展的方向和品质。引导大众文化在传播中既讲求娱乐性，又讲求思想性；既重视收视率和点击率，又强调审美价值和教育意义，努力提升大众文化的现代化高度，以与现代化的北京城市相协调。

第五章　推进科技与文化融合发展，全面构建文化创新体系

科技创新是文化发展的重要引擎，要加快发展文化事业、增强文化产业的核心竞争力，就要发挥文化和科技的相互促进作用，深入实施创新驱动发展战略，增强自主创新能力。党的十八大报告明确提出，科技创新是提高社会生产力和综合国力的战略支撑，必须摆在国家发展全局的核心位置。推进科技与文化融合发展，全面构建文化创新体系是我国文化发展繁荣的迫切需要。"科技创新是核心，抓住了科技创新就抓住了牵动我国发展全局的牛鼻子，就掌握了撬动发展全局的有力杠杆。"[1] 党的十八大以来，伴随着文化体制改革的不断深入，科技对促进文化事业和文化产业发展起到突出作用，我国文化发展取得显著成就。北京是全国的文化中心和科技创新中心，文化资源丰富，科技实力雄厚，在促进文化与科技融合发展方面，具有得天独厚的优势，文化与科技的融合已经成为北京经济社会发展的新引擎、

---

[1]《加强科技供给　服务发展全局——三论学习贯彻习近平总书记在全国科技创新大会重要讲话精神》，新华网，2016年6月1日，http://www.xinhuanet.com/syzt/xhsply20160603/index.htm。

新增长极。新时代繁荣发展创新文化，要坚持创意为先、人才为本、机制为要，让勇于创新成为风尚、支持创新形成氛围，推动创新活力竞相迸发、创新成果不断涌现，为经济社会发展提供不竭动力。为此，必须把科技创新摆在更加重要的位置，进一步深化文化体制改革，完善北京文化管理体制和文化经营体制，创新公共文化服务体制机制，增强北京文化的整体实力和竞争力；以科技文化双轮驱动为重点推进改革创新，加快北京高新技术产业发展和文化领域供给侧结构性改革，积极培育文化产业发展新动能；用先进科技发展先进文化、培育新型文化业态，进一步增强北京文化创意产业的战略性支柱产业地位，全力推进首都经济转型发展，开创首都发展更加美好的明天。

一、深化文化体制改革，完善首都北京文化领域管理与治理体系

（一）进一步创新文化体制机制，加快转变首都北京文化管理方式与职能

创新文化体制机制，激发文化创造活力，是中国特色社会主义建设自身发展的必然要求，是满足人民群众精神文化需求的迫切需要。2013年党的十八届三中全会通过的《关于全面深化改革若干重大问题的决定》提出，"加快完善文化管理体制和文化生产经营机制"，"完善文化管理体制。按照政企分开、政事分开原则，推动政府部门由办文化向管文化转变，推动党政部门与其所属的文化企事业单位进一步理顺关系"。这为创新文化体制机制，加快文化管理方式与职能转变指明了基本方向。北京是全国文化体制改革的先锋。2003年，北京把文化体制改革试点重点确定为增强文艺演出、出版发行和广播影视

业的整体实力和竞争力。[1] 2006年下发《关于深化北京市文化体制改革的实施方案》，提出以体制机制创新为重点、促进文化事业和文化创意产业繁荣发展的文化体制改革的目的。随后，在文化事业单位改革、经营性文化单位转企改制、公益性文化事业单位内部机制改革、构建文化投融资服务体系等领域进行了重点改革。[2]党的十八大以来，北京立足首都城市战略定位，继续深化文化体制改革，稳步推进文化领域简政放权，建立健全党委领导、政府管理、行业自律、社会监督、企事业单位依法运营的文化管理体制，加快重要领域和关键环节的改革步伐，构建充满活力、富有效率、更加开放、有利于文化科学发展的体制机制。

第一，完善文化管理体制，转变政府文化管理职能。"创新文化管理体制，是加强和改进党对意识形态工作领导的内在要求，是行政管理体制改革的重要方面，也是深化文化体制改革的重点任务"[3]。北京文化宏观管理水平的提高，要聚焦于统筹"放"和"管"的关系，理顺党政部门与其所属的文化企事业单位的关系，做到简政放权和加强监管齐推进、相协调，推动政府部门由办文化向管文化转变，由单一行政管理向依靠法律、科技、经济等综合管理转变。首先，简政放权，深化文化行政审批制度改革。认真研究文化类简政放权事项，对保留的行政审批事项规范管理、提高效率、完善服务，减少审批时限，提升行政审批服务效率；优化文化管理机构设置、职能配置、工作流

---

[1] 周小华、傅治平：《重塑文化之都——北京市文化体制改革探讨》，知识产权出版社2010年版，第50页。

[2] 孔建华：《20年来北京文化体制改革的历程、经验与启示》，《新视野》2011年第1期。

[3] 雒树刚：《进一步深化文化体制改革》，《人民日报》2013年12月3日。

程，全面实施权力清单、责任清单制度，完善决策权、执行权、监督权，推动首都各文化事业单位形成责任明确、行为规范、富有效率、服务优良的运行机制。其次，创新文化行政管理方式。综合运用法律、行政、经济、科技等多种管理手段，加快文化立法，加强行业自律，做到科学管理、依法管理、有效管理；[1]发挥各文化联盟、文化行业协会等新型组织的作用，通过政策引导和补贴扶持吸引中央单位服务北京基层文化；抓好文化改革发展战略、规划、政策的制定和实施，探索公益性文化事业单位机制制度改革、艺术创作生产扶持奖励机制等。最后，健全文化市场安全监管机制。抓好文化市场安全监管工作，加大文化监管和执法改革力度，做好所审批重点艺术园区、文艺演出重点场馆和重点演出的安全监管、引导和服务工作，维护好首都文化市场秩序，确保文化市场安全发展。

第二，健全国有文化资产管理体制，完善现代文化市场体系。自"十五"时期以来，北京文化产业高速增长，很大程度上依赖于文化体制机制改革，大量的国有文化资产投入市场，壮大了市场主体，同时部分行业，如媒体、动漫等，开放市场准入吸引了大量的社会资本进入。[2] 2017年，北京市印发《关于深化市属国有文化企业改革的意见》，提出要在2020年底前基本完成市属国有文化企业分类改革任务，打造一批具有国际影响力、核心竞争力的大型骨干文化企业。因此，北京需进一步深化国有文化资产管理体制改革，推动国有文化企业做强做优做大，完善现代文化市场体系，为加快全国文化中心建设提供

---

[1] 雒树刚：《进一步深化文化体制改革》，《人民日报》2013年12月3日。
[2] 杨晓东、卓杰：《北京"十三五"时期文化产业发展的政策建议》，《智慧中国》2015年第2期。

有力支撑。首先，完善有文化特色的现代企业制度。建立党委和政府监管有机结合、宣传部门有效主导的国有文化资产管理模式，确保管人管事管资产管导向相统一；规范国有文化企业改制，确定不同类别企业的经济效益和社会效益指标要求，制定《北京市国有文化企业改制工作指引》。其次，优化国有文化资本布局。推进资产重组和资源整合，对国有文化资本存量优化配置，拓宽国有文化企业投融资渠道，利用多层次资本市场，加快国有文化企业上市融资步伐；建立健全国有文化资本进退机制，推动国有文化企业形成符合现代企业制度要求、体现文化特点的资产组织形式和经营管理模式。最后，完善国有文化资产监管体制。健全文化市场主体准入与退出机制，健全国有文化资本进退机制，依法完善对文化市场活动监管，创新监管方式和手段，有效防范国有资产流失；推动媒体深度融合发展，加强国有文化资产监管，加强高端智库建设，为首都发展服务。

第三，以"一城三带"为抓手，创新传统文化资源开发利用。北京市委书记蔡奇曾指出，文化中心方面，主要是推进"一核一城三带两区"重点任务，做好首都文化这篇大文章。[1] 重视老城整体保护与复兴，坚决落实好"老城不能再拆了"的要求，要做到"保"字当头，要统筹做好"三条文化带"的传承、保护和利用，更要加强对"一城三带"的保护、开发和科技应用，使历史、文化与科技深度融合。首先，有序推进老城保护。推动修订历史文化名城保护条例，研究制定老城整体保护实施方案，推动历史建筑与地域文化、现代都市有机融

---

[1]《以习近平新时代中国特色社会主义思想为指引，奋力开创首都发展更加美好的明天——中共北京市委书记蔡奇接受新华社记者专访》，新华网，2018年2月28日，http://www.xinhuanet.com/politics/2018-02/28/c_1122467789.htm。

合；精心打磨每个历史文化街区，保护好、修缮好、维护好具有历史文化价值的街巷胡同、四合院，充分发挥其在文化体验等方面的作用；加紧制定文物腾退指导性意见，修订完善文物鉴定、古玩市场管理的相关法规和政策，探索社会参与文物保护的管理机制；加强现代科技在历史文化名城保护体系中的应用。其次，加强对"三个文化带"的建设。结合城市副中心建设，统筹推进开展大运河文化带保护，落实《北京城市副中心2018年—2020年文物专项行动计划》，推动遗址保护规划和遗址公园建设的工作；落实《长城文化带保护建设五年行动计划（2018—2022）》，实施箭扣长城、古北口长城等保护工程；编制西山永定河文化带保护建设规划、五年行动计划，开展相应片区和重要节点的生态环境修复、整体环境整治、特色小镇（村落）建设等方面的调研。最后，整体性保护城市非物质文化遗产。积极开展非遗保护示范基地、非遗传承示范学校建设，做好非遗记录、研究和出版等工作，加强非物质文化遗产保护制度建设；完善非物质文化遗产三级名录体系，加强非遗传承人的培养，启动"名家传艺工程"，推动非遗活态传承；利用各种传统节日开展非遗保护特色活动，加快非物质文化遗产保护信息化建设，建立北京非物质文化遗产网·北京非物质文化遗产网上展示馆，推动非遗融入生产生活。

（二）创新公共文化服务体制机制，构建首都北京现代公共文化服务治理体系

公共文化服务的发展和提升既是对整个社会"润物细无声"的精神滋养和境界培育，也是对整个城市的生活品质的根本性提升。[1] 近

---

[1] 张颐武：《北京公共文化服务充满活力》，《中国改革报》2016年8月6日。

些年，我国公共文化建设投入稳步增长，覆盖城乡的公共文化服务设施网络基本建立，公共文化服务体系建设呈现出整体推进、重点突破、全面提升的良好发展态势。党的十八大将公共文化服务体系建设作为全面建成小康社会的重要内容，明确提出到2020年"公共文化服务体系基本建成"的战略目标；十八届三中全会将构建现代公共文化服务体系、促进基本公共文化服务标准化、均等化作为全面深化改革的重点任务之一；2015年初，中办、国办印发《关于加快构建现代公共文化服务体系的意见》，将2015年作为基层工作加强年；十九大报告则进一步提出要完善公共文化服务体系，深入实施文化惠民工程。新形势下，紧紧围绕"四个全面"战略布局，加快构建覆盖城乡、便捷高效、保基本、促公平的现代公共文化服务体系，是当前各地各级文化部门的重要战略任务。[1] 北京市各级政府自2003年以来一直大力发展公共文化事业，紧紧围绕群众基本文化需求，不断创新公共文化服务体系建设。北京市"十三五"规划提出要率先建成公共文化服务体系，《北京市"十三五"时期加强全国文化中心建设规划》提出要推动公共文化服务共建共享，带动提升区域公共文化服务均等化、标准化水平，这些都有力地推动了北京公共文化服务体系向更高的目标迈进。

第一，完善公共文化政策体系。公共文化政策是公共文化服务体系建设的主要内容之一，是政府用以指导公共文化服务体系建设的工具与指南针。政府通过制定公共文化服务政策实现对公共文化服务体系建设方向的把握与整体掌控，从而引导公共文化服务体系的建设及其相关产业的发展，培育公共文化服务市场，满足民众对

---

[1] 雒树刚：《加快构建现代公共文化服务体系》，《人民日报》2015年7月8日。

公共文化服务的需求，实现公共文化服务的标准化、均等化与优质化。[1]北京市高度重视公共文化服务政策体系建设，一直走在全国前列。首先，制定"1+3"公共文化政策文件。2015年6月，北京市印发"1+3"公共文化政策文件，包括《关于进一步加强基层公共文化建设的意见》《首都公共文化服务示范区创建方案》《北京市基层公共文化设施建设标准》《北京市基层公共文化设施服务规范》，这是全国第一个省（区、市）层级落实中办、国办《关于加快构建现代公共文化服务体系的意见》的配套实施文件。其次，推进依法治文。严格执行国家在公共文化服务保障、文化产业促进、文化市场等方面的法律法规，将公共文化服务体系示范区建设纳入各区经济社会发展规划和民生保障和重点议题，纳入政府绩效考核指标；严格落实本市居住区公共文化设施配套指标有关规定，积极推动疏解后腾退的空间用于公共文化服务，改善和优化公共文化设施布局。最后，推进公共文化服务标准化政策制定。以公共文化服务的人群均等化、城乡均等化为突破口，根据北京市各区实际，就公共文化服务的范围、种类、标准、设施、特点等内容进行研讨，制定公共文化服务标准，作为公共文化服务供给的基本要求，从而实现各区公共文化服务均等化协同共进。

第二，创新公共文化管理服务机制。公共文化服务是政府服务职能的重要内容，政府承担主要责任，在公共文化设施建设与管理、公共文化服务提供、保障措施、法律责任等方面发挥主导作用。创新公共文化管理服务机制，要认真履行政府职能，完善公共文化管

---

[1] 胡税根、李倩：《我国公共文化服务政策发展研究》，《华中师范大学学报》（人文社会科学版）2015年第2期。

理机制，加强公共文化服务保障，培育公共文化服务群体，打造公共文化服务品牌。近些年，北京市下力气推动公共文化管理服务机制创新，取得了显著成效。首先，创新公共文化建设方式。调动社会力量积极性，落实《关于政府向社会力量购买公共文化服务的实施意见》指示精神，推动公共文化服务供给主体、供给方式和资金投入多元化，推动全市公共文化服务工作多元性开展；加大政府在设施建设、运营管理、文化活动开展等公共文化服务方面的购买力度，实现公共文化服务标准化、均等化、社会化发展。其次，创新公共文化网络服务形式。通过网络名人的传播力影响力建设网络文化，使互联网成为社会主义先进文化建设新阵地、公共文化服务新平台、群众精神文化生活新空间；引入新的数字化手段讲好北京故事、中国故事，让北京的文化传统和今天的文化创造相结合，实现"守正"和"创新"相结合[1]；强化网络安全意识，建设网络发言人队伍，提升网上议题设置能力和突发舆情应对能力。[2] 最后，创新公共文化管理模式。构建政府主导、行业管理、企业参与、群众贡献的多元联动公共文化管理模式，积极发挥城乡基层群众性自治组织作用；引导市民参与公共文化服务项目的规划、建设、管理和监督，畅通参与文化建设的意见反馈渠道，推进社区文化志愿服务，形成全社会共同建设公共文化的良好局面。

第三，建设公共文化服务体系示范区。北京在公共文化服务体系示范区建设方面一直努力探索。朝阳区、东城区、海淀区分别获

---

[1] 张颐武：《北京公共文化服务充满活力》，《中国改革报》2016年8月6日。
[2] 《深入贯彻落实习近平总书记关于宣传思想工作的重要思想》，《北京日报》2018年8月24日。

得"国家公共文化服务体系示范区"称号,石景山区、丰台区、通州区、大兴区和房山区获得"首都公共文化服务示范区"创建资格;2017年9月出台《关于加快推进公共文化服务体系示范区建设的意见》,启动首都公共文化服务示范区建设。加强公共文化服务体系示范区建设是履行首都职责、推进全国文化中心建设的重要任务,是保障和改善民生,提升首都城市文明程度和市民文明素质的重要举措。建立社会文化资源共享机制。盘活现有基础公共文化设施资源,除了由政府兴办的基层公共文化设施实现向公众免费开放外,全方位扶持、多部门整体推进社会文化资源的开放共享,设立专门的部门机构统筹推进开放的共享工作,制定相关的实施细则和可操作性文件。[1] 其次,完善公共文化服务立体保护模式。根据《北京城市总体规划(2016年—2035年)》的历史文化名城保护框架,在市级层面对历史文化资源丰富与公共文化服务完善的地区区别对待,在文保薄弱地区加强公共文化服务建设;推进京津冀历史文化遗产的文化带、文化线路、非遗建设与公共文化深度融合,彰显京津冀三地同根同源的历史文化资源。最后,有效解决公共文化服务供需矛盾。鼓励文化类社会组织、志愿者参与公共文化服务,加强公共文化服务专业化、社会化程度;让文化惠民工程等深入社区生活,增强文化活动的趣味性、吸引力,提升社区居民的公共文化服务获得感;增加公益性公共文化活动,培育市民公共精神和主人翁意识、家园意识。

---

[1]陈镭:《2018年北京公共文化服务体系发展报告》,选自李建盛主编《北京文化发展报告(2018~2019)》,社会科学文献出版社2019年版,第153页。

二、加快高新技术产业发展和文化领域供给侧结构性改革

（一）完善首都北京文化与科技、金融、旅游等产业融合发展的机制和体系

20世纪70年代以来，全球经济发展由传统的资源拉动模式逐渐让位于科技创新和文化创意直接拉动模式，进而深化出文化产业的崛起和文化与科技的融合两大趋势。[1] 2018年8月22日，习近平总书记在全国宣传思想工作会议上强调指出："要推动文化产业高质量发展，健全现代文化产业体系和市场体系，推动各类文化市场主体发展壮大，培育新型文化业态和文化消费模式，以高质量文化供给增强人们的文化获得感、幸福感。"[2] 因此，文化产业需要高新技术，高新技术也需要文化产业，二者相互依存，互为促进。在当前及未来一段时间内，我国的文化产业发展越来越依赖于以科技创新和文化创意为动力、与其他产业相融合的发展模式。经过十几年的发展，北京文化科技融合产业规模和影响力十分突出，目前拥有东城、西城、朝阳、海淀、石景山5个国家级文化与科技融合示范基地，截至2016年年底，全市文化领域高新技术企业有3047家，约占全国五分之一，文化领域孵化器、众创空间、大学科技园109家，占总数的34.7%。[3] 文化科技融合在北京文化产业中的引领作用愈加突出，文化科技融合创新逐渐成为传统文化产业转型升级的重要推动力量，文化与科技融合产业也已经成为

---

[1] 李思屈：《技术与梦想：文化产业发展的新趋势》，《河南社会科学》2015年第8期。
[2] 《举旗帜聚民心育新人兴文化展形象 更好完成新形势下宣传思想工作使命任务》，《人民日报》2018年8月23日。
[3] 《北京将认定"文化+科技"示范企业》，《新京报》2017年10月15日。

北京市经济发展的新引擎乃至新增长极。为进一步促进北京文化与高新科技融合发展,要着力推动文化与科技、金融、旅游深度融合,形成相应的产业融合发展机制和政策体系,以推动新兴文化业态的发展。

第一,以文化科技融合为依托,建设文化科技创新服务体系。2012年8月,《国家文化科技创新工程纲要》颁布,国家文化科技创新工程正式启动。党的十八大报告强调指出,要增强文化整体实力和竞争力,促进文化和科技融合,深入实施科技带动战略。科技创新与文化产业融合成为我国文化产业发展方式转变的重要一步。新形势下,北京进一步推动文化与科技深度融合,让文化插上科技的翅膀,大力构建文化科技创新服务体系。首先,构建差异协同的文化科技发展布局。合理开发管理和利用北京各文化资源,推动各区形成梯次演进、分工合理、重点突出、各具特色的文化科技产业空间发展格局。例如,充分发挥中关村科技园区海淀园作为文化科技融合示范功能区的文化科技原创创新优势,加强与其他应用型文化创意产业功能区的文化科技辐射应用合作。[1] 其次,推动公共文化服务体系信息化建设。依托互联网、物联网等拓展公共文化服务领域和空间,建设公共文化服务云系统,推进公共图书馆、文化馆、博物馆、科技馆和美术馆数字化;加快建设公共图书馆服务平台,推进文化信息资源共享工程、数字文化社区和公共电子阅览室建设,打造"书香京城"。最后,完善科技文化融合发展的政策、标准化等平台建设。为文化科技融合提供政策支持,尽快出台《北京市促进文化科技融合发展的若干意见》等文件,探索建立文化与科技主管部门统筹协调机制,增强对文化与科技融合的管理;搭建文化科

---

[1] 王晖:《文化科技融合推动北京文创产业升级》,《北京文化创意》2018年第1期。

技企业服务平台，完善文化类高新技术企业认定标准，引导文化企业加强科技研发投入，加强知识产权保护，为文化科技创新打造一个良好的发展环境。

　　第二，以文化金融融合为依托，创新文化金融发展模式与机制。推动文化产业与金融业全面对接、深度融合是培育新的经济增长点和促进文化发展繁荣的客观需要。2010年中宣部等九部委联合发布《关于金融支持文化产业振兴和发展繁荣的指导意见》，首次从国家政策层面提出加大金融支持文化产业力度，从此我国金融支持文化产业局面迅速打开。自2010年以来，北京市文化金融业务规模实现快速增长，截至2019年一季度末，辖内银行文化创意贷款金额1868.51亿元，银行服务实体经济力度持续增强。[1]发展文化金融、推动文创产业与金融资本深度融合是提升首都文化服务水平的重要选择，也是加速全国文化中心建设的有效途径。首先，完善多元化市场性投融资体系。强化政府财政支持政策，发挥财政资金的引导和撬动作用，加大对重大项目和重点企业的支持力度；创新融资方式，拓展利用民间资本和国际资本投资文化产业的空间，探索适合中小型文化企业的融资方式，引入多种金融机构增强文化企业贷款信用，提高企业贷款能力。其次，完善文化产业发展的金融环境。加强文化产业金融监管，建设文化金融合作试验区，建立促进金融支持文化产业发展的综合信息服务平台，构建文化企业与金融机构对接的便捷通道；探索文化产业融资担保方式，分散化解文化企业融资风险，大力发展文化消费金融，推

---

[1]《一季度北京辖内银行业金融机构服务实体经济力度持续增强》，中国农村金融杂志社网站，2019年5月23日，http://www.zgncjr.com.cn/content/200000258/996EB8E556B34651BAF46461ED94D90B/1.html。

动文化金融业态创新，丰富文化信贷产品。最后，构建首都文化金融融合发展引领区。探索可复制的文化产业金融服务平台，设计不同的金融产品或服务模式，满足文化企业不同发展阶段的金融服务需求；深化文化金融改革，搭建多层次、宽领域、广覆盖的文化金融组织服务体系，发挥示范带动作用，优化文化金融业务流程和管理模式，推动首都银行业的战略转型。

第三，以文化旅游融合为依托，不断提高旅游供给体系质量。文化是旅游的灵魂，旅游是文化的载体，二者结合有利于推动文化事业和产业与旅游产业的融合，促进传统文化资源的市场转化，放大文化产业发展格局。近年来，文化产业和旅游产业已成为我国经济社会发展的战略性支柱产业，文化和旅游呈现良好的融合发展态势。北京文化旅游相关产业发展很快，已成为北京建设国际一流的和谐宜居之都的支柱产业和京津冀协同发展的纽带产业。据统计，2019年北京实现旅游总收入6224.6亿元、同比增长5.1%，旅游总人数3.22亿人次、同比增长3.6%。[1]为更好地展示中华文明窗口，北京进一步加大力度促进文化和旅游深入融合，不断提高首都旅游供给体系的质量。首先，推进文化旅游衍生产品和项目综合开发。做好历史文化名园腾退工作，大力保护历史文化街区、名镇、名村和传统村落，统筹古建筑保护与历史文化资源的挖掘利用；加强北京文化符号研究，推出代表北京文化形象的旅游产品，培育乡土特色文化旅游项目。其次，加快北京"智慧旅游"建设。推进云计算、移动互联网等技术在文化旅游业中的应用，重点推动万达文化旅游城、中数集团国际文化城等文化旅

---

[1]《2019年北京接待旅游3.22亿人次，旅游收入超6000亿元》，北京日报客户端，2020年3月2日。

游融合型项目建设，打造智慧旅游城市；制定配套政策机制，建设均衡完善的旅游便民服务网络，实现历史文化、生态景观和旅游资源跨区域统筹。最后，以文化产业集聚为抓手推动旅游全域化。依托各区资源禀赋和发展特色，打造区域特色旅游项目，推动全市文化建设协调均衡发展；坚持乡村观光休闲旅游与美丽乡村建设、都市型现代农业融合发展思路，推动乡村观光休闲旅游特色化、专业化、规范化；全力办好2022年冬奥会，延伸体育产业链条，共建京张文化体育旅游带。

（二）深化首都北京文化供给侧结构性改革，积极培育文化产业发展新动能

"十三五"时期文化建设的关键词之一是提质增效。自从2015年底提出供给侧改革以来，各行业以供给侧结构性改革为方向，调整经济结构，转变经济发展方式，通过提高供给结构的适应性和灵活性，提高全要素生产率，更好地满足广大人民群众的需要。满足群众的文化需求是满足人民日益增长的美好生活需要的重要内容，我国文化领域供给侧结构性改革的核心是从提高文化产品（服务）的供给质量和效率出发，推动供给结构调整，提高供给结构对需求变化的适应性和灵活性，推动形成文化需求升级和供给升级协调共进的高效循环，更好地满足人民群众日益增长的精神文化生活需求，实现文化领域健康可持续发展。[1] 当前，文创产业已成为北京仅次于金融业的第二大支柱产业，培育和扩大文化消费是建设全国文化中心

---

[1] 柳杰、熊海峰：《文化领域供给侧结构性改革之路》，《中国社会科学报》2017年7月10日。

的重要内容,也是推进北京文化领域供给侧改革的重要内容。要从首都经济社会发展全局的战略高度,更好发挥政府作用,积极适应经济发展新常态,创新文化供给方式,加强文化消费供给,丰富文化消费业态,培育文化产业发展新动能,形成新的文化发展方式,为首都经济发展注入强大活力。

第一,创新文化供给方式,提升有效供给。在我国经济进入新常态、面临一系列新的突出矛盾的环境下,文化产业的发展不可避免面临着结构性失衡。"供需错位"成为文化产业发展中突出的问题之一,供给侧结构性改革可以有效解决文化产业发展中供需错配的主要矛盾。[1]北京市委书记蔡奇指出,加强"四个中心"功能建设,本质上就是推动供给侧结构性改革。[2]他还强调:"文化中心建设要靠改革引路,靠改革破题。必须推进文化领域供给侧结构性改革,把政府'有形之手'和市场'无形之手'结合起来,解决文化产品和服务供需矛盾问题,把北京丰富的文化资源活力激发出来。"[3]因此,加大首都文化领域供给侧结构改革,首要的是增强文化产品和服务有效供给。首先,提高供给质量,增强有效供给。对文化服务进行供给侧改革,将博物馆、文化馆、图书馆等场所合理利用,提升城市文化品质;增加文化领域发展的人才、科技、资本及管理等生产要素,转换文化发展的动力要素,提升供给端的创新与需求适配能力,创造出更多供需对

---

[1] 范周:《五方面提升文化供给侧有效供给》,《中国出版传媒商报》2016年6月3日。

[2]《深入学习贯彻习总书记供给侧结构性改革重要思想》,《北京日报》2017年7月1日。

[3]《做好首都文化这篇大文章 建设中国特色社会主义先进文化之都》,《北京日报》2017年8月19日。

路的文化产品。其次，淘汰过剩供给，减少低端供给。发挥市场对文化资源配置的积极作用和政府的引导作用，通过"无形之手"和"有形之手"的合作，实现文化产品和企业的优胜劣汰，提高文化产品和服务的黏度，延长文化产业的价值链；打造"文化航母"，促进民营企业、小微文化企业发展，减少文化生产资源的浪费。最后，坚持以人民为中心的改革导向。文化领域供给侧结构性改革的根本目的是提高文化领域供给质量以满足人民日益增长的物质文化需要，要坚持以人民为中心，对人民群众文化消费需求进行充分调研分析，创造出满足人民需求、引领市场发展的文化产品。

第二，挖掘文化消费潜力，弥补文化消费缺口。当前我国文化消费存在巨大缺口，人民群众文化消费潜力并未得到有效释放，文化消费存在巨大市场空间。[1]文化领域供给侧改革需要将文化生产链条上的存量资源加以有效开发，通过有效的资源配置方式，让存量资源得以更充分、灵活与便捷的运用，提振文化消费。北京文化消费市场一直保持平稳增长态势，据统计，2018年北京文化和娱乐类消费规模1628.2亿元，同比增长10.8%，[2]文化消费成为居民重要生活支出项目。利用好北京丰富的历史文化资源，解决城乡文化消费不均衡与不充分的问题是文化供给侧改革的重要任务。首先，创新文化消费平台。拓展文化消费新空间，推出商场、社区、文创园区、特色文化小镇等四类特殊文化空间，打造品质高、有特色的文化消费集群，塑造文化消费新地标；运用大数据系统整合营销渠道，推动传统文创产品的市场流通和精准定位；举办丰富多彩的惠民文化消费活动，开辟市区联动

---

[1] 许立勇：《以问题导向直面文化供给侧结构性改革》，《光明日报》2016年6月1日。
[2] 《十年增长7倍，北京市文化产业规模居全国首位》，《新京报》2019年9月26日。

和相互呼应的文化消费发展格局。其次，分类促进文化消费。培养文化经营生产者的审美和艺术素养，提高精品文化质量，同时引导和鼓励草根文化产品的生产；引导民间资本参与文化产业功能区、要素市场及文化创业投资项目建设，刺激文化艺术产业创新动力，推动文化产品流动再创造；发挥村级图书文化室和乡镇文化站作用，为村民提供与其生活密切结合的文化供给。最后，坚持把社会效益放在首位、社会效益和经济效益相统一。文化产品具有双重属性：通过市场交换获取经济利益和实现再生产的商品属性、产业属性、经济属性，也有教育人民、引导社会和涵育道德等特殊的意识形态属性，[1]刺激文化消费要将社会效益放在首位，坚决抵制低俗、庸俗、媚俗之风。

第三，完善文化供给侧结构性改革的制度和政策。从一定意义上讲，供给侧改革是改革政府公共政策的供给方式，是改革公共政策的产生、输出、执行及修正和调整方式，即供给侧改革是以市场化为导向、以市场所需供给约束为标准的政府改革。[2]北京市委书记蔡奇指出，深入推进供给侧结构性改革，要发挥市场配置资源的决定性作用，更好发挥政府作用，注重运用法治思维和法治方式解决问题；抓好"三去一降一补"任务落实，着力补齐提高供给质量的制度短板。[3]可见，推进首都文化领域供给侧结构性改革，除了在文化产业上发力，更离不开制度和政策的支撑。首先，扩大行业自主权。围绕企业发展中的深层次问题和长远问题制定相关政策，适

---

[1] 柳杰、熊海峰：《文化领域供给侧结构性改革之路》，《中国社会科学报》2017年7月10日。

[2] 王青山：《从产业结构调整看供给侧改革》，《光明日报》2015年12月8日。

[3]《中国共产党北京市第十二次代表大会报告全文》，《北京日报》2017年6月27日。

度简政放权，推动文化产业转型升级，推动建立良性文化市场规则；研究文化领域结构性减税政策，有针对性地对特定群体和领域削减税负，放宽文化企业准入，使个人和小微企业的文化创新创意得到发挥的空间。其次，完善政策衔接和配套。进一步落实2016年北京市发布的《关于推进供给侧结构性改革进一步做好民间投资工作的措施》，鼓励民间资本发展文化创意产业，发展乡村文化经济；完善质量管理政策，为文化设施建设、文化产品和文化服务的供给制定可供参考的管理标准[1]；推进京津冀基本公共文化服务对接。最后，健全市属传统媒体和新兴媒体融合发展。截至2016年年底，全国有20%百强网络新媒体和25%互联网出版单位位于北京，北京新媒体和网络媒体融合发展格局已经形成[2]，市属传统媒体要明确内容特色，利用互联网+，推动媒体供给侧改革；加强媒体供给侧改革顶层制度设计，制定完善的版权保护制度，保障供给端的基本权益[3]。

三、进一步增强首都北京文化创意产业的战略性支柱产业地位

（一）围绕首都北京城市战略规划，进一步优化文化创意产业的体系和平台

习近平总书记指出："兴文化，就是要坚持中国特色社会主义文

---

[1] 柳杰、熊海峰：《文化领域供给侧结构性改革之路》，《中国社会科学报》2017年7月10日。

[2] 《北京将认定"文化+科技"示范企业》，《新京报》2017年10月15日。

[3] 张祖平：《从〈京华时报〉停刊看报业供给侧改革》，《视听》2017年第2期。

化发展道路，推动中华优秀传统文化创造性转化、创新性发展，继承革命文化，发展社会主义先进文化，激发全民族文化创新创造活力，建设社会主义文化强国。"[1] 推动中华优秀传统文化创造性转化、创新性发展，需要加快文化产业结构调整，提高文化产业规模化、集约化、专业化水平，这一过程中，大力发展文化创意产业是最重要的方式。文化创意产业已成为北京重要支柱性产业，尤其在党的十八大以来，以非首都功能疏解推动京津冀协同发展、减量发展、绿色发展、创新发展成为首都经济追求高质量发展的鲜明特征，优化营商环境，腾退空间资源，为北京市文化创意产业提供了新的发展契机。[2] 2014年5月和6月，《北京市文化创意产业功能区建设发展规划（2014—2020年）》《北京市文化创意产业提升规划（2014—2020年）》先后出台，明确提出全市文创产业应错位发展，积极构建富有首都特色的"3+3+x"文化创意产业体系，以形成特色化、差异化、集群化的空间格局，这从顶层设计方面进一步推动了北京文化创意产业的转型升级、提速换挡。2017年8月，北京市委书记蔡奇在推进全国文化中心建设领导小组第一次会上强调指出，建设全国文化中心，要集中做好首都文化这篇大文章，重点抓好"一核一城三带两区"，把北京建设成为弘扬中华文明与引领时代潮流的文化名城、中国特色社会主义先进文化之都。[3] 2016年北京文化创意

---

[1]《举旗帜聚民心育新人兴文化展形象 更好完成新形势下宣传思想工作使命任务》，《人民日报》2018年8月23日。
[2]《〈关于推进文化创意产业创新发展的意见〉政策解读新闻发布会》，首都之窗，2018年8月21日，http://www.beijing.gov.cn/shipin/zcjd/18340.html。
[3]《做好首都文化这篇大文章 建设中国特色社会主义先进文化之都》，《北京日报》2017年8月19日。

产业实现增加值3581.1亿元，比上年增长10.1%；占地区生产总值的比重达到14.0%，比上年提高0.3%。[1] 据北京市统计局统计，文化创意产业实现增加值由2006年的823.2亿元增长至2017年的3908.8亿元，年均增长15.2%。因此，文化创意产业对加快落实首都城市战略新定位，推进非首都功能疏解，构建"高精尖"经济结构，加强建设北京全国文化中心，建设国际一流的和谐宜居之具有重要意义。

第一，在北京城市总体发展规划背景下布局文化创意产业。北京建设全国文化中心重点为"一核一城三带两区"："一核"指培育和弘扬社会主义核心价值观，"一城"指历史文化名城保护，"三带"指大运河文化带、长城文化带、西山永定河文化带，"两区"指建设公共文化服务体系示范区和文化创意产业发展引领区。《北京城市总体规划（2016年—2035年）》也对北京全国文化中心建设提出了要求，一方面构建全覆盖、更完善的历史文化名城保护体系，建设世界历史文化名城；另一方面构建绿水青山、两轴十片多点的城市景观格局，强化首都风范、古都风韵、时代风貌的城市特色。可见，北京文化创意产业应在首都整体城市布局背景下进行统筹规划，通盘考量。首先，要有整体观。"一核一城三带两区"为发展文化创意产业明确了方向，社会主义核心价值观是文创产业发展的总引领，体现了中国首都的基本功能；保护历史文化名城，发展大运河文化带、长城文化带、西山永定河文化带，建设公共文化服务体系示范区和文化创意产业发展引领区，既是促进文创产业发展的切入点也是着力点，通过它们可以传

---

[1]《北京文化创意产业发展白皮书（2017）》，首都之窗，2018年1月31日，http://www.beijing.gov.cn/zfxxgk/110091/tzgg52/2018-01/31/content_9387184d40134e0ea94354d9ad7e3f3b.shtml。

承、深挖文化资源，带动建设彰显中国特色的文化名城。其次，要有全局观。《北京城市总体规划（2016年—2035年）》提出要在北京市域范围内形成"一核一主一副、两轴多点一区"的城市空间结构，[1]以推动改变单中心集聚的发展模式，构建北京新的城市发展格局，北京文创产业要围绕这个布局发展新业态、新空间，推出新举措，实现新发展。最后，要有系统观。北京城市规划要把握好战略定位、空间格局、要素配置，坚持城乡统筹，落实"多规合一"，形成一本规划、一张蓝图[2]，北京文化创意产业的定位和发展目标要与北京城市布局和战略定位相一致，加强对文创产业的统筹规划与协调，促进文创产业平衡、充分、有序发展。

第二，在京津冀协同发展背景下推动文化创意产业创新发展。实现京津冀协同发展是实现京津冀优势互补、促进环渤海经济区发展、带动北方腹地发展的需要，是一个重大国家战略[3]。2015年3月，《京津冀协同发展规划纲要》及一批专项规划相继实施，从有序疏解北京非首都功能、突破重点领域、促进创新驱动等方面推动形成京津冀协同发展强大合力，以此来指导开展当前和今后一段时间的京津冀协同

---

[1] "一核"指首都功能核心区；"一主"指中心城区即城六区，包括东城区、西城区、朝阳区、海淀区、丰台区、石景山区；"一副"指北京城市副中心；"两轴"指中轴线及其延长线、长安街及其延长线，中轴线及其延长线为传统中轴线及其南北向延伸；"多点"指5个位于平原地区的新城，包括顺义、大兴、亦庄、昌平、房山新城；"一区"指生态涵养区，包括门头沟区、平谷区、怀柔区、密云区、延庆区，以及昌平区和房山区的山区。

[2]《习近平在北京考察：抓好城市规划建设 筹办好冬奥会》，新华社，2017年2月24日，http://www.xinhuanet.com/politics/2017—02/24/c_129495572.htm。

[3]《优势互补互利共赢扎实推进 努力实现京津冀一体化发展》，《人民日报》2014年2月28日。

发展工作。2016年2月,《"十三五"时期京津冀国民经济和社会发展规划》公布,进一步把京津冀作为一个区域整体统筹规划,在城市群发展、产业转型升级、交通设施建设、社会民生改善等方面一体化布局,努力形成京津冀目标同向、措施一体、优势互补、互利共赢的发展新格局。[1] 从上述出发,北京文化创意产业发展要在京津冀协同发展背景下有序推进、创新发展。首先,形成以政府来引导、市场为主导的共识。京津冀协同发展关乎中国未来发展格局,《京津冀协同发展规划纲要》《"十三五"时期京津冀国民经济和社会发展规划》等顶层设计为推动首都经济圈一体化明确了方向任务,但是京津冀三地要素市场的阻隔和体制机制障碍仍然存在,需要发挥市场主导作用,大力发展文创产业,促进要素和资源在更大范围内有序流动和优化配置,消弭经济和体制壁垒。其次,建立以三地优势互补、一体发展的格局。京津冀三地的功能定位、空间布局、要素资源存在差异,再加上行政割裂的原因,三地资源交换的共享性和互补性偏低,增强三地文创产业的协同发展和资源共享,达到错位发展、增强整体性的目标,促进区域一体化的真正实现。最后,坚持以改革为引领、创新为驱动的原则。消除壁垒、破解影响京津冀协同发展深层次的矛盾和问题,需要加大改革力度,强化创新驱动,努力构建区域文创创新体系,形成京津冀文创协同创新发展的局面。

第三,加强统筹协调和保障,完善北京文化创意产业制度和平台。北京市政府从政策、制度、资金上大力支持文化创意产业的发展。2006年,北京市成立了文化创意产业领导小组,相关的23个部门作为小组成员单位,出台了《北京市促进文化创意产业发展的若

---

[1]《京津冀"十三五"规划印发》,《人民日报》2016年2月16日。

干政策》《北京市"十一五"时期文化创意产业发展规划》，发布了《北京市文化创意产业投资指导目录》，制定了"北京市文化创意产业分类标准"，规定了《北京市文化创意产业发展专项资金管理办法》《北京市文化创意产业集聚区认定和管理办法（试行）》。从2006年开始，市财政每年安排5亿的预算设立文化创意产业专项资金。这些举措为推动北京市文化创意产业的发展提供了很好的政策支持。[1] 新形势下，北京市从政策、资金、人才等方面进一步加强文化创意产业的统筹协调和保障，巩固文化创意产业的重要支柱产业地位。首先，加大政策红利。完善知识产权保护法律体系和文化创意产业立法体系，推动形成健康有序的文创产业发展环境，满足文创产业发展实践的需要；实行财税减免政策，减轻小微创意文化企业负担，增强其活力；在政策上倾斜具有北京特色的文创企业品牌，加强优惠力度，推动特色文化品牌化发展。其次，加强人才培养。积极引进复合型、高端型人才或领军人才，对他们在落户、子女入学等方面进行政策倾斜；加强与伦敦等世界顶级文创产业城市的机构的交流与合作，有针对性地培养自己所需的人才；促进高校、科研院所与文创企业进行合作，开展文创产业技术研发。最后，加强统筹协调。建立央地协调联动机制，争取国家部委更多支持，加强与大型央企、央属高校等单位的对接与联系，在"三旧"资源改造利用、资本、人才等方面开展交流合作，实现央地联动、互利共赢[2]；增强京津冀三

---

[1]《张京成：北京文化创意产业发展透视》，宣讲家网，2018年4月3日，http://www.71.cn/2018/0403/993808.shtml。

[2] 李建盛主编：《北京文化发展报告（2017~2018）》，社会科学文献出版社2018年版，第82页。

地文创产业之间的合作，成立京津冀文创产业顾问团，建立京津冀文创联盟，加快文创产业规模化发展步伐。

（二）推动首都北京文化创意产业转型升级，加快建设文化创意产业引领区

创新创意是全球经济与文化实践推进的核心动力，从文化产业走向文化创意产业已成为调整经济结构、通过创意改变和提升低端制造业的需要。[1]文化创意产业发展不仅是北京市政府为适应新的发展形势和市场需求而做出的主动应对，更是全市经济发展方式转变和经济结构调整的内在需求。2018年6月，中共北京市委、北京市人民政府印发《关于推进文化创意产业创新发展的意见》，提出要建成市场竞争力强、创新驱动力足、文化辐射力广的文化创意产业引领区的目标。经过多年高速增长，北京文化创意产业正逐步由规模速度型粗放增长向质量效率型集约增长演进。[2]《北京蓝皮书：北京文化发展报告（2018～2019）》指出，北京文化产业发展一直位居全国前列，但目前还存在文化产品的价值度不高、国际竞争力不强、创新力不够，文化政策结构不够完善等问题。[3]习近平总书记指出："要推动文化产业高质量发展，健全现代文化产业体系和市场体系，推动各类文化市场主体发展壮大，培育新型文化业态和文化消费模式，以高质量文

---

[1] 金元浦：《我国当前文化创意产业发展的新形态、新趋势与新问题》，《中国人民大学学报》2016年第4期。

[2]《〈关于推进文化创意产业创新发展的意见〉政策解读新闻发布会》，首都之窗，2018年8月21日，http://beijing.gov.cn/shipin/zcjd/18340.html。

[3] 李建盛主编：《北京文化发展报告（2018～2019）》，社会科学文献出版社2019年版，第38～40页。

化供给增强人们的文化获得感、幸福感。"[1]进一步优化北京文化创意产业发展布局，建设"高精尖"文化创意产业体系，要聚焦文化生产前端，鼓励创意、创新、创作和创造，建设创意北京，大力激发文化创意产业创新创造活力，推动首都文化创意产业转型升级，加快建设文化创意产业引领区，使北京成为传统文化元素和现代时尚符号汇聚融合的时尚创意之都。

第一，着力推动文化创意产业结构升级、业态创新、链条优化。文化创意产业是新科技、文化创意与传统产业的融合，国际经验表明，英国等西方国家大多数大城市在实现工业化后，都把发展文化创意产业作为催化经济转型的重要战略举措。[2]习近平总书记指出："我们必须把创新摆在国家发展全局的核心位置，不断推进理论创新、制度创新、科技创新、文化创新等各方面创新。"[3]在经济步入新常态的背景下，经济结构调整、增强消费需求拉动力都需要加速发展文化创意产业。因此，北京文化创意产业发展应注重创新创造，加快文化创意产业升级优化。首先，促进文化创意产业结构升级。鼓励实体书店进行数字化升级改造，增强场景化、立体化、智能化展示，提高智慧化体验；鼓励大型演艺机构兼并关联企业，搭建集演艺演出、场馆经营、体育赛事、旅游休闲等为一体的文化艺术经营综合体；盘活老旧厂房建文化空间，实现待更新空间去存量化，增强城市文化氛围。

---

[1]《举旗帜聚民心育新人兴文化展形象 更好完成新形势下宣传思想工作使命任务》，《人民日报》2018年8月23日。

[2]于今：《文化创意产业在城市更新中的进一步思考》，《中国房地产业》2016年第8期。

[3]习近平：《在知识分子、劳动模范、青年代表座谈会上的讲话》，《人民日报》2016年4月30日。

其次，加强文化创意产业业态创新。全面推进三网融合，推进报刊电台电视台网络互动融合、一体发展，发展普及移动智能终端；拓展新媒体业务，发展网络剧、网络电影等新业态，培育以数字化产品、网络化传播、个性化服务为核心的网络视听产业；加速传统媒体和新媒体融合发展，加快发展动漫游戏、网络电视、虚拟会展等文化科技融合新业态。最后，优化文化创意产业链条。推进会展服务与国际接轨，构建从会展策划、申办、承办、宣传到接待一体化服务，形成完整的会展服务产业链；加强文化创意品牌策划、推广力度，鼓励有条件的企业建立设计创新中心，强化设计、生产、制作、推广等文化创意产业专门化服务，促进小微文化企业向专业化、品牌化方向发展。

第二，加快建设文化创意产业园区，打造文化创意产业引领区。文化创意产业园区是文化产业发展的重要载体和主要模式。当前北京市认定的文化创意产业园区有30多家，已形成文化创意产业规模化、集聚化、专业化的发展格局。新形势下，北京文化创意产业正迈入质量效益型发展的新阶段，产业发展从追求规模扩张向注重提质增效转变，文化创意产业园区整体水平不高、发展不平衡的问题逐渐显露。[1] 加强文化创意产业功能区建设，培育一批具有国际影响力的龙头文化企业，必须下大力气提升全市文化创意产业园区发展水平，积极打造文化创意产业引领区。首先，大力发展市级文化创意产业示范园区。市级文化创意产业示范园区是"北京市文化创意产业园区"的高端品牌，具有产业集聚度高、特色鲜明、环节高端等特点，是全市文化创意产业创新的高地、政策的试验田和园区建设的标杆。通过树立北京

---

[1]《北京"十三五"期间文化创意产业发展思路及重点？》，搜狐，2016年9月14日，http://www.sohu.com/a/114331319_477039。

市文化创意产业园区发展的典范,带动提高全市园区整体发展水平。[1] 2015年,北京发布首批"市级文化创意产业示范园区"名单,有4家企业入选。[2] 其次,完善文化创意产业园区服务平台共享。发挥平台共享要素资源、降低企业成本、提高效率效益等作用,提供政策咨询、项目落地等"一站式"服务,鼓励平台引入加盟机制,争取形成一个中心、多点布局、多线贯穿的服务格局;加大跨区域合作,加强京津冀地区文化创意产业园区之间的合作交流,以"产业对接、园区共建、平台合用、消费一体"为切入点,进一步优化文化资源配置。最后,释放文化创意资源整体效应,培育特色文化创意产业园。依靠创新驱动强化文化创意园区优势特色,推出一批有世界影响力和竞争力的文化精品,打造一批展现中国文化自信和首都魅力的文化品牌,力争建成市场竞争力强、创新驱动力足、文化辐射力广的文化创意产业引领示范区,形成京津冀目标同向、优势互补、互利共赢的文化创意产业园区协同发展新格局。

第三,围绕"高精尖"发展目标,构建高端文化创意产业体系。我国经济进入新常态后,北京经济从两位数的高速增长转为中高速增长,文化科技创新"双轮驱动"和构建"高精尖"经济结构成为经济发展的鲜明特点。文化创意产业依托智力资源、以创意创造为主,低碳、绿色、可持续特征明显,成为全市产业结构调整升级和

---

[1]《北京市文化创意产业园区政策及认定工作新闻发布会》,首都之窗,2018年6月20日,http://www.beijing.gov.cn/shipin/szfxwfbh/16144.html;《权威发布丨北京将评首批市级文化创意产业园区 入选将获7项福利》,搜狐,2018年6月20日,http://www.sohu.com/a/236812135_160257。

[2]这四家分别为中国北京出版创意产业园、清华科技园、星光影视园、莱锦文化创意产业园,参见《四园区入选首批市级示范园区》,《京华时报》2015年10月30日。

科学发展的重要引擎。北京市要努力构建统一开放、要素集聚、竞争有序的现代文化市场体系，使文化创意产业发展结构更趋合理、文化创新引领作用更为突出，建成市场竞争力强、创新驱动力足、文化辐射力广的文化创意产业引领区，[1]使北京成为具有国际影响力的文化创新、运营、交易、体验中心和最具活力的文化创意名城。首先，增强文化创意产业的融合发展指数。推动文化创意产业与科技、金融等融合发展，使"文化+"产业多元融合发展得更加丰富，挖掘文化附加值，拓展文化创意产业的关联、带动作用；引导文化创意产业园与金融资本多方式合作，与工业、制造业等深度融合，增强文创产业的高端化、服务化、融合化，实现文化生产力的提速换挡。其次，增强文化创意产业一体化格局。以创意设计、媒体融合、广播影视、出版发行、动漫游戏、演艺娱乐、艺术品交易、文博非遗和文创智库九个重点领域为产业创新发展的重点，充分利用人才、设施、资本等发展资源，聚焦内容主业，突出文化内涵，提高资源转化效率，完善产业支撑体系，使文化创意产业结构和空间布局更加优化。最后，增强京津冀区域文化创意产业协同发展格局。完善京津冀文化创意产业合作机制，统筹规划、科学布局，促进文化要素流通，形成三地优势互补、资源有效配置、经济社会协调发展的跨区域发展格局，推动打造以首都为核心的、具有文化创意产业特色的世界级城市群。

---

[1]《关于推进文化创意产业创新发展的意见》，《北京日报》2018年7月5日。

第六章　坚持以人民为中心，加强公共文化服务体系建设

党的十八大以来，党中央把加快构建现代公共文化服务体系作为全面建成小康社会的重要内容，将其纳入"四个全面"战略布局之中，明确提出到2020年"公共文化服务体系基本建成"的战略目标，并把促进基本公共文化服务标准化、均等化作为全面深化改革的重点任务之一。经过这几年的发展，我国的公共文化服务事业取得令人瞩目的成绩。党的十九大报告指出："满足人民过上美好生活的新期待，必须提供丰富的精神食粮。"为此，要加快构建覆盖城乡、便捷高效、保基本、促公平的现代公共文化服务体系；要推动公共文化服务标准化、均等化，坚持政府主导、社会参与、重心下移、共建共享，完善公共文化服务体系，提高基本公共文化服务的覆盖面和适用性，打通公共文化服务"最后一公里"，让广大人民群众享受到更多优质公共文化服务，[1] 推动社会主义先进文化建设大发展大繁荣，努力建设社

---

[1]《激发活力兴文化——四论学习贯彻习近平总书记在全国宣传思想工作会议重要讲话》，新华网，2018年8月25日，http://www.xinhuanet.com/politics/2018—08/25/c_1123327950.htm。

会主义文化强国。北京市紧紧围绕统筹推进"五位一体"总体布局和协调推进"四个全面"战略布局，坚持以人民为中心的发展思想，牢固树立"四个意识"，坚持创新、协调、绿色、开放、共享的发展理念，立足首都城市战略定位，强化首都意识，坚持首善标准，突出首都特色，坚持政府主导、社会参与、重心下移、共建共享的工作理念，不断完善公共文化服务设施网络和服务体系，创新公共文化服务方式，扩大公共文化服务有效供给，提高基本公共文化服务设施覆盖身边化、服务内容品质化、供给主体多元化、服务方式智能化，努力建设完备、便捷、高效、优质的现代公共文化服务体系，进一步提高市民文明素质和城市文明程度，营造和谐优美的城市环境和向上、向善、诚信、互助的社会风尚，谱写中华民族伟大复兴中国梦的北京篇章。

一、完善文化政策法规建设，推动文化建设法治化

（一）着力完善文化经济政策，增强首都北京文化整体实力和竞争力

社会主义文化事业的建立、发展和繁荣离不开文化政策的支持，尤其离不开文化经济政策的推动。文化经济政策是构建公共文化服务体系的重要支撑，是推动文化产业跨越式发展的重要手段，是调控文化市场和文化产品创作生产方向的重要杠杆。1991年，国务院批转文化部《关于文化事业若干经济政策意见的报告》，正式提出各级政府要制定符合本地区实际情况的文化经济政策。这说明，国家对文化的投入和管理方式发生了深刻变化。随着文化体制改革的不断深化和文化事业和文化产业的迅速发展，文化经济政策的作用更加突出，国家层面和地方层面都积极采取多种方式，进一步完善和丰富文化经济

政策，例如，2008年国务院办公厅印发《文化体制改革中经营性文化事业单位转制为企业的规定》和《文化体制改革中支持文化企业发展的规定》，2018年国务院办公厅发布《关于印发文化体制改革中经营性文化事业单位转制为企业和进一步支持文化企业发展两个规定的通知》，紧密结合文化改革发展的新实践新要求，进一步落实和发展文化经济政策，切实推动文化事业全面繁荣和文化产业振兴发展。北京市贯彻执行国务院颁布的文化经济政策，结合实际制定出台推动文化产业发展、培育文化市场的一系列文化经济政策，促进首都经济社会文化的协调发展，大大推动北京作为文化发达的现代化国际文化中心的建立。

完善支持文化事业的经济方式。加强对文化事业的经济投入和政策支持力度，构建文化建设财政保障机制，是社会主义文化繁荣发展的重要保障。北京市自1990年以来制定出台和贯彻执行了一系列文化经济政策，总体来看，北京文化经济政策的基本内容是增加投入和减免税收，并且保持较强的稳定性，基本走势趋于宏观，内容更加丰富，技术要求越来越高；其对象由文化事业引申到从文化事业中剥离出来的经营性文化产业，再扩展到包容文化事业的文化创意产业，且从体制内延伸到体制外，政策的普遍适用性增强。[1]新时代新形势下，北京市文化事业适应和把握新常态，创新管理理念，深入实施文化体制机制改革，着力推动公共文化服务体系建设和文艺精品工程与文艺创作，激发文化发展的动力和活力。首先，加大对公共文化服务建设的投入。完善投入方式，提高财政资金使用效益，支持采用政府购买服务的方式提升服务水平；加强对公益性文化事业的投入，把社区

---

[1]孔建华：《北京市的文化经济政策及二次文化产业》，《城市问题》2009年第2期。

文化中心建设纳入城乡规划和设计，引导文化非营利机构提供公共文化产品和服务。其次，加强对历史文化名城保护工作的投入。通过论坛、外交活动、非遗技艺展示等活动及其他文化类服务保障活动，将京津冀文化遗产保护和文化资源整合及加强非遗传承创新等深度结合起来，在加大对其资金补贴力度的同时，增强整体文化效益和经济效益。最后，加大对文化创意产业的投入。继续实行税收优惠政策，鼓励金融机构加大对文化产业的信贷支持力度，支持文化企业发行企业债券和上市融资；设立文化产业投资基金，建立多渠道社会投入机制，支持文化企业开拓国际市场，促进文化产业发展。

优化扶持文化创意产业的发展环境。营造良好的文化创意产业发展环境有利于构建合理公正的产权保护制度，培育良好的文化消费市场，从而推动该产业良性运转。文化创意产业的发展除了必需的文化资源，如丰富多彩的中国传统文化及其强势的创新能力，还需要外部环境的支持，如政府对其进行的财政收入和政策支持，社会对文创产业的关注等。经过十多年的发展，北京市文化创意产业的发展环境相对良好，政策措施不断创新，产业政策体系不断完善，政策扶持和各项服务、系列服务平台不断增强，为促进文化创意产业发展提供了全面、有效的支撑和保障。首先，积极出台政策，进一步拓展文化空间。出台《关于保护利用老旧厂房拓展文化空间的指导意见》，在全市开展普查登记，科学制定分级、分类保护利用标准，编制老旧厂房保护利用专项规划，推动老旧厂房转型文化创意园区，鼓励非营利性公共文化设施的建设改造。其次，规范文化创意产业示范园建设。发布《关于加快市级文化创意产业示范园区建设发展的意见》，落实执行《北京市文化创意产业园区认定及规范管理办法（试行）》，启动北京市文化创意产业示范园区认定工作，规范文化创意产业示范园区标准，推动文创园区发展进入新的发展阶段。最后，创新政策措施，完善文化投融资服务。加大银行对全市文创产业的贷款力度，发挥文化投资平台作用，完善"补贷投"联动体系，推动文创领域投融资项目对接，形成文化创意企业、金融机构、中介服务机构在内的文化金融生态圈。

健全文化经济政策的平台建设。推动文化经济政策平台建设，提升为文化企业提供"一站式"政策咨询服务的水平，是健全文化经济政策平台建设的重要任务之一。北京近些年来一直坚持把社会效益放在首位，坚持社会效益和经济效益相统一，进一步健全文化经济政策体系，增强针对性，拓展覆盖面，加大经济文化政策执行力度，更好地发挥了政策的引导激励和兜底保障作用，使文化经济政策的前瞻性、针对性、实效性得到增强。首先，推动文化金融服务中心建设。有效整合各类金融服务和政策资源，为文化企业和金融机构举办业务培训、项目路演提供专门空间和精准服务，面向有融资需求的文化企业提供政策咨询、项目对接、金融业务办理、投融资合作等专业服务，帮助文创企业便捷、优惠、一站式的金融服务。[1]其次，发挥社会中介组织或活动等的决策咨询作用。完善文化产业沙龙等决策支撑机制，搭建产业智库平台，加快研究制定突出全国文化中心地位、展示首都文化特色的配套支持政策，构建系统、立体、完备的文化政策支撑体系；由政府牵头构建北京文化大数据平台，推动文化信息资源共建共享，从而降低企业获取资源成本，促进文化产业发展。最后，加强财政资金的引导和撬动作用。完善政府引导、市场主导的文化资金长效投入机制，多渠道筹措资金，更多采用股权投资、基金、担保、贴息等间

---

[1]《北京市首个文化金融服务中心在朝阳区启用》，人民网，2018年8月28日，http://bj.people.com.cn/n2/2018/0828/c82839—31986168.html。

接方式支持和参与北京市重大文化项目建设；继续设立文化类发展专项资金或基金，创新文化发展专项资金管理模式，促进经济发展方式转变和结构战略性调整，推动文化产业跨越式发展。

（二）严格执行文化法律法规，促进首都北京文化市场健康有序发展

文化法治建设对于完善法治体系、保障文化发展繁荣、提高文化治理能力、维护国家文化安全、保障和实现公民文化权益，具有重要意义。[1]加快文化立法是深化文化体制改革，推动社会主义文化大发展大繁荣，建设社会主义文化强国的必然选择。长期以来，文化领域立法由于涉及面广、没有经验可借鉴，难度很大。近几年，全国人大根据党中央部署，加快了文化立法进程，强化文化法治保障，《中华人民共和国公共文化服务保障法》《中华人民共和国网络安全法》《电影产业促进法》《公共图书馆法》等法律相继出台并实施，打破了依靠部门规章、"红头文件"管理文化工作的传统格局，使我国的文化建设初步走上法治轨道，逐渐形成有中国特色的文化领域法律。文化法制建设也是建设法治中国首善之区的重要组成部分，北京一直严格执行国家在公共文化服务保障、文化产业促进、文化市场和互联网管理等方面的法律法规，主动适应文化立法需求，努力制定完善的地方性法规，加快推进《历史文化名城保护条例》修订和《非物质文化遗产保护条例》制定工作及加强和改进文化市场综合执法、提升依法行政水平，确保首都文化市场安全和有序发展。

积极推进非遗立法等文化立法工作。非物质文化遗产是首都北京

---

[1]《文化部在京召开全国文化法治工作会议》，文化部网站，2015年5月19日，http://www.gov.cn/xinwen/2015—05/19/content_2864605.htm。

历史文化的重要组成部分，保护非物质文化遗产对凸显首都历史文化价值、彰显首都古都风韵、凸显首都时代风貌的城市特色具有重要的文化意义。[1] 北京市党委政府对非遗文化十分重视，近年来，连续出台了一系列关于加强本市非物质文化遗产保护工作的意见和办法，如《关于加强本市非物质文化遗产保护工作的意见》《关于加强非物质文化遗产保护传承的扶持办法》《北京市非物质文化遗产保护专项资金管理办法》等，市文化局还牵头建立了市非遗保护工作联席会议机制，协调解决非遗保护中的重大问题。非遗立法工作取得明显成效，目前，《北京市非遗物质文化遗产条例》（以下简称《条例》）已完成专家咨询、立项论证、深入调研、人大审议调研等程序，[2] 2018年4月，《条例（草案送审稿）》开始在市政府法制办公开征集意见；2019年1月20日，《条例》在北京市十五届人大二次会议上通过，同年6月1日起施行。此外，北京还根据首都城市功能定位和政府基本职能，积极探索公共文化服务领域立法，2017年《北京市公共文化服务保障条例》已启动前期调研和起草准备工作，2018年，该事项被列入市政府立法调研项目。文化领域法制建设逐步规范，文化立法逐步推进，为北京非遗保护和传承工作及公共文化服务保驾护航。

健全完善文化领域知识产权保护体系。党的十八大以来，北京市知识产权创造质量、运用效益、保护效果和管理水平都得到了有效

---

[1] 截至2018年6月底，北京已普查非遗资源12000余项，共有11个联合国教科文组织"人类非物质文化遗产代表作名录"项目，126个国家级代表性项目，273个市级代表性项目；现有国家级非遗代表性传承人102位，市级非遗代表性传承人257位；另有国家级非遗生产性保护示范基地4个。参考《京城快讯|北京拟立法保护非物质文化遗产》，搜狐，2018年7月27日，https://www.sohu.com/a/243698519_161623。

[2] 李建盛主编：《北京文化发展报告（2017~2018）》，社会科学文献出版社2018年版，第274页；《北京市非物质文化遗产保护成效显著》，《北京日报》2018年6月8日。

提高，知识产权政策体系构建较为完善，这为全国文化中心建设提供了重要保障。强化知识产权保护，打造知识产权保护的首善之区，需要进一步加快健全完善文化领域知识产权保护体系，探索组建知识产权公共服务平台。首先，继续深入实施首都知识产权战略，以版权保护促进文化创新。深入实施首都知识产权战略是加强北京市知识产权体制机制建设，实现创新驱动发展，推动经济提质增效升级的必然要求，坚持内容为发展核心、版权为转化基础，把提升文化产品的内涵和质量作为基本着力点，加强布局内容版权转化，形成文化创新策源地。其次，推动知识产权工作重心下移，融入区域经济发展。鼓励研发具有传统文化特色和自主知识产权的网络游戏，支持原创游戏产品出口；积极落实《关于促进首都知识产权服务业发展的意见》，大力推动首都知识产权服务业发展；巩固中关村国家自主创新示范区知识产权龙头带动作用，营造首都知识产权保护的良好环境。最后，发挥全市知识产权公共服务平台作用。坚持编制和发布每年一度的"北京市战略性新兴产业知识产权（专利）状况白皮书"，让公众了解文化创意产业领域专利授权情况；健全完善知识产权公共服务平台，打造集孵化、登记、维护、开发、交易、输出于一体的综合性知识产权一站式服务，引导文化企业提升知识产权综合能力，促进形成拥有首都自身特点的知识产权局面。

严格依法行政，加强文化市场监管。进入新世纪以来，全国各地基本完成文化市场领域有关行政执法力量的整合，文化市场综合执法效能得到有效提升，市场秩序得以规范，大大推动了优秀文化产品的生产和传播。随着文化体制改革向纵深拓展，以及各文化市场主体和新型文化业态的不断涌现，迫切需要创新文化市场管理体制机制，进一步完善文化市场综合执法。为强化依法管理阵地，进一步提升依法行政水平，北京文化市场管理在文化市场重点领域、相关行业监督管控、文化市场监管信息科技化建设水平等方面进行了积极探索，取得了不错的成绩，在全国具有示范带动作用，居于领先地位。首先，加强和改进文化市场综合执法。全面落实行政执法责任制，加强执法机构和队伍建设，深入开展"扫黄打非"，切实维护文化安全；健全法规执行监督检查机制，探索和加强新业态、新形态管理，在市场监管中加强服务，推动形成监管有力的现代文化市场体系。其次，强化网络执法。加强网络游戏出版物内容审核监管平台建设，强化网络出版发行市场监管，加大网上突出问题治理力度，清理各种不良信息，坚决依法查处网上违法违规行为；落实"全市全面触网办案"部署，以网络文化执法为主题，进行以案施训培训，提升执法人员网络办案能力和网络执法水平。最后，扎实开展法治宣传教育。加强市民法治宣传教育基地建设，认真组织开展学法用法活动，认真举办"两个一千"法治培训；积极做好法律服务，妥善办理民事诉讼、群众来信答复等事宜，提高党员干部运用法治思维方式解决文化领域问题的能力和水平。

二、增加文化产品有效供给，提高文化服务水平

（一）创新首都北京文化产品生产机制，坚持产品服务供给运营并重

优秀的文化产品既反映了一个国家和民族的文化创造力和创新水平，也是衡量文化改革成效的主要标准。优秀文化产品的创作生产，首先要坚持以社会主义核心价值观为引领，突出思想内涵，诠释中国精神，展示家国情怀，传递真善美和正能量。习近平总书记在党的十九大报告中强调，"发挥社会主义核心价值观对国民教育、精神文

明创建、精神文化产品创作生产传播的引领作用，把社会主义核心价值观融入社会发展各方面，转化为人们的情感认同和行为习惯"。所以说，社会主义核心价值观是优秀文化产品的灵魂所在。加强文化产品的有效供给，既要加强对文化产品创作生产的引导，也要坚持产品的服务、供给、运营并重。要在坚持把社会效益放在首位、社会效益和经济效益相统一的前提下，发展文化产业，培育文化新业态，推动文化产业结构转型升级，完善现代文化市场体系，系统提高文化产品的服务、供给、运营水平，推动文化产业成为国民经济支柱性产业。北京文化产品具有种类繁复、多层次性、创新性强、区域性与综合性并重等特点，新形势下提高首都文化服务水平，需要创新文化产品生产机制，坚持产品服务供给运营并重。

增加高质量的优秀精神文化产品生产供给。优秀的文化作品能够促进个人形成积极向上、追求进步的品质，也能够推动社会主义精神文明和文化建设高质量发展。习近平总书记指出："要坚持社会主义先进文化前进方向，用社会主义核心价值观凝聚共识、汇聚力量，用优秀文化产品振奋人心、鼓舞士气，用中华优秀传统文化为人民提供丰润的道德滋养，提高精神文明建设水平。"[1]北京大学教授厉以宁指出："无形的文化产品，作用于人的精神，能激发正能量，形成社会和谐的红利。"[2]发展首都文化，净化文化环境，要以社会主义核心价值观为引领，增加优秀精神文化产品和优质文化服务供给，满足市民日益增长的美好生活需要。首先，把握正确导向。制定繁荣发展首都

---

[1] 习近平：《在省部级主要领导干部学习贯彻党的十八届五中全会精神专题研讨班上的讲话》，《人民日报》2016年5月10日。
[2]《文化体制改革新的里程碑——关于"双效统一"指导意见的解读》，《光明日报》2015年9月16日。

社会主义文艺的实施办法，营造有利于打造文艺精品和文化品牌的政策环境，促进精神文化产品创作生产更加活跃；抓好中国梦和爱国主义主题文艺创作，讲好国家民族宏大故事，讲好老百姓身边的日常故事，推出更多传播当代中国价值观念、体现中华文化精神的文化精品。其次，推动首都文化产品内容形式创新。加强对文化产品的规划指导，加强对有示范性、引领性作用原创精品的扶持，支持传统艺术（如戏剧、曲艺、杂技等）创新发展，推动交响乐、歌剧、芭蕾舞等艺术品种中国化；加强网络文化产品创作生产，推动网络文学、网络剧、微电影等新兴文艺类型繁荣发展，推动传统文艺与网络文艺创新性融合，促进优秀作品多渠道传输、多平台展示、多终端推送。最后，创新首都文化产品服务运营方式。推动新闻出版、广播影视、文化艺术等传统文化产业与现代科技对接融合，根据受众的不同喜好需求，改进文化服务的生产、流通、传播方式，贴紧互联网；推动文化产品生产以"以产定销"为主转变为"以销定产"为主，繁荣文化产品市场，丰富人民的社会精神文化生活。

　　推进文化衍生产品和旅游项目的综合开发。文化产业最重要的价值不仅仅在于提供文化产业的增加值，而且在于提供文化的附加值。[1]近些年来，文化与其他传统行业和新技术的深入融合，产生了诸多极具创意的文化衍生品。文化衍生品在发挥产品本身作用的同时，使得文化内涵得以展示和延续发展。让文化遗产保护成果更多惠及人民群众、让中华优秀文化更好地得到弘扬，推进文化衍生产品和旅游项目的综合开发是当前首都北京在创新首都文化产品生产机制，坚持产品服务供给运营并重方面又一项着力加强的重要内容。

---

[1]《专家观点》,《光明日报》2018年1月10日。

首先，大力发展首都文化旅游。通盘规划和深入挖掘首都现有文化资源，统筹利用古建筑保护与历史文化资源，推出反映首都文化特色的旅游纪念衍生产品；开展旅游全产业链开发，如做演艺活动、拍摄电影、主题体验等，丰富文化衍生品的内涵，让文化参观和体验成为旅游的主角。其次，加强首都非物质文化遗产产品开发。提高和促进非遗产品的设计水平、新产品开发、市场营销等，推动传统工艺与现代产业融合发展，推动非遗产品真正走进现代生活；探索"文化＋产业＋互联网"的非遗传承新路径，开发不同层次、不同需求的非遗衍生品，增强非遗产品的可持续发展。最后，促进首都文化体育服务。开发利用体育设施，规范市级体育产业基地管理，为举办展会、演出、赛事及成为旅游景点等提供支撑；促进京津冀体育协同发展，支持三地建设体育休闲旅游基地，打造京张冰雪体育休闲旅游带，建立生态体育公园。

完善多层次的现代文化创意产品和要素市场。文化产业新业态是文化产业新的生产力和新的发展引擎，建设现代文化创意产品和要素市场，需要大力培育文化产业新业态。培育文化产业的创新业态，通过文化与金融、科技的有机组合，形成最有利于培养新产能的优良土壤，在创意的滋润下，让新的文化产业幼苗迅速成长起来。在北京文化创意产业已形成特色化、差异化、集群化的发展态势的背景下，大力推进科技文化融合，加强互联网与文化的深度融合，是培育北京文化产业新业态，完善多层次的现代文化创意产品和要素市场的有效路径之一。首先，推动北京文物单位文化创意产品开发。激活文化文物单位馆藏文化资源，推进文化文物资源数字化进程，培育具有国际国内影响力的文化创意产品，特别鼓励研发具有古都文化、红色文化、京味文化的文化创意产品；积极创新"互联网＋文化"的营销推广理念和方式，综合运用线上线下多层次商务平台和营销渠道。其次，大力开发文化科技融合衍生品。推进文化创意产业传统行业的科技应用与升级，发展培育动漫游戏、3D打印、移动多媒体、虚拟会展、艺术品网络交易等文化科技融合新业态，打造体现北京城市特色形象的高科技文化产品；开发适合文化企业特点的文化金融产品，丰富文化信贷产品。最后，加强文化产品市场建设。积极发展图书报刊、电子音像、演出娱乐、电影电视剧、动漫游戏等传统文化产品市场，建设以网络为载体的新兴文化产品市场，发展电子票务、电影院线、演出院线、网络书店等现代流通组织形式，培育大众性文化消费市场，促进文化产品和要素合理流动。

（二）增强公共文化产品市场供给，提升首都北京公共文化服务能力

公共文化产品主要指由政府部门为主的公共文化部门提供的非排他性和非竞争性的产品与服务，当前我国正处于思想文化大碰撞的时代，公共文化产品担负着涵养社会主义核心价值观、保障公民的基本文化生活权益、彰显传统文化内核、反映人民精神风貌的重任。加强公共文化产品供给，完善公共文化服务体系，是保障和改善人民群众基本文化权益的基本要求，也是提升国家文化软实力，建设文化强国，推动社会主义文化大发展大繁荣的一项重要举措。近些年来，北京市公共文化服务事业繁荣发展，从政策制度、设施建设、公共文化服务功能、公共文化产品、体制机制创新等方面加强现代公共文化服务体系建设，取得了明显成效。然而，公共文化产品的形式构成、公共设施的建设规划、公共文化管理的体制机制等还存在可以提升的空间，坚持以人民为中心，解决文化产品供需不对等、公共文化服务不精准的问题还可以进一步改善，为此，增强首都公共文化服务能力，

率先建成现代化公共文化服务体系，需要在公共文化产品市场供给方面多下功夫。

转变公共文化服务供给方式，将公共文化服务与产业结合。传统意义上的或以政府为主导的公共文化供给方式大多是单向性的。地方上一般将"送电影""送戏剧""送图书"等作为基层公共文化服务供给的主要方式。例如，自2013年起，北京京剧院每周精选院团名角大腕，以走进基层、服务百姓为宗旨，让市民百姓近距离体验京剧、感受京剧。经过5年的运作实践，共有百余位艺术家深入基层为全市百姓服务。至2019年，该项目已陆续在昌平、大兴、通州等地演出，共计400余场。[1] 这种单向性的公共文化产品供给方式可持续性差，效果一般。因此，提高公共文化服务能力，首先要改善产品供给方式，建立"供需互动"的双向供给方式。首先，从"送"文化向"种"文化的方式转变。搭建各类展示"种文化"成果的平台，吸引广大群众参与，让群众从旁观者变为参与者，提高公共文化自我发展能力；调动群众参与文化建设积极性，群众是文化产品的生产者和享受者，让他们全身心地浸淫在"活起来"的文化之中。其次，从以政府主导为主向以政府主导、市场参与转变。公共文化服务是满足全社会不同需求的公共文化产品和服务，政府需要调动全社会力量提供公共文化产品，要从关注、满足小部分群体转向关注社会整体；引导具有社会效益的文化机构和企业的运营，促进生产多种公共文化产品，为社会提供均等化、多层次的公共文化服务。最后，充分发挥产业在公共文化产品供给中的作用。尊重市场在文化资源配置中的决定性作用，转变

---

[1]《2019年北京京剧院"每周一星"送大戏下基层品牌项目》，《北京晚报》2019年10月30日。

传统文化场所如书店、咖啡馆、茶室、沙龙、剧院等的用途,从为公共提供单一文化产品向提供综合性休闲文化产品转变,推动形成有创意的、有个性的现代公共文化产品。

尊重群众文化需求,增加公共文化产品的适用性。经济的增长、文化的多样、信息的膨胀、科技的发展等,促使公共文化需求更加趋向复杂化、个性化,同时,群众对精神文化也提出了更高的要求,这使得公共文化产品需要从数量上和质量上进行改善。塑造北京城市品质,提高市民文化素养,增强市民的文化获得感和幸福感,要以群众的文化需求为导向,增加公共文化产品的适用性。首先,按照群众意愿提供公众文化产品。群众是构建公共文化服务体系的主体,是公共文化产品的使用者,构建公共文化服务重在最大限度地实现公民参与,因此,好的公共文化产品应是群众喜闻乐见的,公共文化产品要突出群众的自我设计、自我管理、自娱自乐。[1] 其次,推行菜单式服务,提供多样化、个性化的公共文化产品。全面了解市民的公共文化需求,根据北京不同区域的实际情况,按照《国家基本公共文化服务指导标准(2015—2020年)》和《北京市基层公共文化设施服务规范》,增强文化设施和服务的适用性,向群众提供发挥实际作用的公共文化产品。最后,着力开发适合老年人、未成年人、农民工、残疾人等重要群体的基本公共文化产品。不同群体对公共文化产品的需求不同,在向群众提供公共文化产品时,除了需要考虑需求的内容,还需要考虑需求的规模、需求的结构,也需要产品使用者的呼应和反馈,只有这样,才能发挥公共文化产品的真正价值,才能满足群众真正的文化需求。

---

[1] 祁述裕:《按公众意愿提供公共文化产品》,《北京日报》2015年3月9日。

创新公共文化产品生产机制，完善公共文化服务体系。在公共文化服务体系建设的初始阶段，政府主导性主要偏重于对公共文化设施建设和文化产品的直接投入，而在公共文化服务体系深入发展的现阶段，政府的调控力应放在推动建立"政府主导、各方参与"的公共文化服务体系建设协调机制。[1] 政府要将工作重点放在运用市场化力量，推动文化资源合理配置，生产出更加多样、适用的公共文化产品。因此，创新公共文化产品生产机制，完善公共文化服务体系，是北京提升公共文化服务能力的重要方式。首先，加强政府主导作用。公共文化产品的公益性属性要求政府在公共文化产品生产中处于主导地位，北京公共文化产品市场必须坚持以社会主义核心价值观为引领，充分发挥政府主体责任，采取购买服务、民办公助等办法，吸引社会力量参与，从而形成高质量、高标准、具有首都特色的公共文化产品市场。其次，文化基础设施、公共文化产品供给和运营并重。推进社会主义先进文化，将公共文化服务设施利用、公共文化产品生产、公共文化需求、公共文化产品营销通盘考虑，尤其要注意多提供满足群众精神文化层面的、最新的、最切合对象实际需求的公共文化产品。最后，鼓励社会组织参与公共文化产品供给。社会组织已经成为公共产品供给市场中的一支重要力量，它能够有效弥补政府提供的公共文化产品不足与社会对其需求不断增长的偏差。社会组织应增强其独立性和社会认可度，完善组织内部建设，多渠道筹措资金，增加对公共文化产品投资，为公众提供更多样更丰富的公共文化产品。

---

[1] 蒋淑媛：《北京现代公共文化服务体系建构研究》，《北京社会科学》2015年第1期。

三、加强城乡文化交流，健全城乡文化体系

（一）加强美丽乡村建设，展示发掘首都北京历史文脉，推进文明乡风

党的十九大报告指出，我国社会主要矛盾已经转化为人民日益增长的美好生活需要和不平衡不充分的发展之间的矛盾。我国社会生产力水平总体上显著提高，社会生产能力在很多方面进入世界前列，至2019年末，城镇化率增长至60.6%[1]，然而各地区之间、城市与农村之间发展不平衡、不充分，满足人民日益增长的美好生活需要，尤其是农村地区人口的美好生活的需要，依然是到2020年建成小康社会亟须解决的重要任务之一。2018年9月，中共中央、国务院印发的《乡村振兴战略规划（2018—2022年）》强调，繁荣发展乡村文化，要坚持以社会主义核心价值观为引领，以传承发展中华优秀传统文化为核心，以乡村公共文化服务体系建设为载体，培育文明乡风、良好家风、淳朴民风，推动乡村文化振兴，建设邻里守望、诚信重礼、勤俭节约的文明乡村。北京具有丰富的乡村资源，郊区土地面积占全市总面积的93%[2]，农村常住人口占全市常住人口的比例为13.5%[3]，农村观光园、民俗旅游等是农村经济的增长热点，而且在生态涵养区的生

---

[1]《国家统计局：2019年中国城镇化率突破60% 户籍城镇化率44.38%》，经济时报－中国经济网，2020年2月28日，http://www.ce.n/xwzx/gnsz/gdxw/202002/28/t20200228_34360903.shtml。

[2] 本数据来自于北京市农委村镇建设处处长郭子华在"中国乡村价值与美丽乡村建设研讨会"上所做的报告《北京市美丽乡村创建的经验与思考》，中国城乡规划网，http://www.countryplan.cn/html/3680/3680.html。

[3] 2018年末数据，北京市统计局网站，2019年1月23日，http://tjj.beijing.gov.cn/tjsj/yjdsj/rk/2018/201901/t20190123_415576.html。

态景观造林和京津风沙源治理等工程带动下，林业产值增长也很快。然而北京城乡发展差距较大，地区发展不平衡，在全国文化中心建设过程中，应挖掘郊区农村的文化发展潜力，全面展示首都历史文脉，促进美丽乡村建设，进一步传承振兴民间文化，全面提升农村文明程度。

加强历史文化名镇名村和传统村落保护，传承文化记忆。2014年10月，习近平总书记在文艺工作座谈会上发表讲话指出："我们要结合新的时代条件传承和弘扬中华优秀传统文化，传承和弘扬中华美学精神。"[1] 历史文化名镇名村和传统村落是承载传统文化的重要载体，要加强对它们的保护、修缮、传承。通过加强历史文化名镇名村和传统村落保护，不仅可以保护优秀传统文化，传承文化记忆，保护传统村落的完整性、真实性和延续性，而且还能推动优秀传统文化的创新发展，实现传统村落的可持续发展。截至目前，北京有国家级历史文化名镇1个、历史文化名村5个[2]，国家级传统村落21个[3]、市级传统村落44个[4]，传统村落、传统农村符号的保护、传承和开发需要着力加强。首先，完善政策法规，编制规划。贯彻落实《北

---

[1] 中共中央文献研究室编：《十八大以来重要文献选编》（中），中央文献出版社2016年版，第136页。

[2] 历史文化名镇名村由建设部和国家文物局从2003年起组织评选，北京目前拥有中国历史文化名镇1个，即北京市密云区古北口镇；历史文化名村5个，即门头沟区斋堂镇爨底下村、门头沟区斋堂镇灵水村、门头沟区龙泉镇琉璃渠村、顺义区龙湾屯镇焦庄户村、房山区南窖乡水峪村。

[3] 北京目前共有22个中国传统村落，主要分布在门头沟区、房山区、密云区、顺义区、昌平区、延庆区。参考"村落名录"，中国传统村落网，http://www.chuantongcunluo.com/index.php/Home/gjml/gjml/wid/2014.html。

[4] 《北京首批市级传统村落出炉！44个村镇入选》，《人民日报》2018年3月21日。

京市传统村落保护发展规划设计指南》《北京传统村落保护发展规划编制与审查工作手册》《北京市人民政府办公厅关于加强传统村落保护发展的指导意见》等文件，将村落保护发展纳入乡镇重点工作之中，统筹规划；按照以人为本、保护为先、发展为重的原则编制传统村落保护发展规划。其次，增加支持力度。建立传统村落保护资金筹措机制，统筹运用好农村环境整治资金、农村综合改革资金、文物及历史文化名城保护资金和美丽乡村建设等现有政策；处理好传统村落保护与发展的关系，对村落内城墙、牌坊、古塔等实行挂牌保护，带动一批建筑师、艺术家参与村落建设。最后，维护好自然景观和环境。在进行传统村落保护和发展的同时，保护和利用好农村历史文脉和现有自然景观，加强对村落周边生态环境和山水格局的保护，保护好村落内自然植被、山体绿化、河流水系及河塘沟渠，维护好与传统村落相互依存的自然景观，并管控好传统村落周边视线通廊。

推进农村精神文明，提高乡村社会文明和农民精神风貌。农村精神文明建设在乡村振兴战略中具有十分重要的地位，加强农村精神文明建设，提升农民精神风貌，是全面建成小康社会的坚强的思想保证、强大的精神力量、丰润的道德滋养、良好的文化条件。[1]党的十八大以来，北京首都农村精神文明建设工作以推进社会主义核心价值观建设为根本，加强农村思想道德建设，广泛开展"美丽村镇""做文明有礼北京人"活动，发挥优秀传统文化的涵养作用，使农民群众拥有更多的获得感、幸福感，提升了农民精神风貌，提高了农民文明素质和农村社会文明程度。首先，深化群众性精神文明创建活动。修订完善文明村镇等创建管理办法，提高创建标准，提升精神文明创建层次，

---

[1]《加强农村精神文明建设 提升农民精神风貌》，《人民日报》2018年1月6日。

提高县级及以上文明村和文明乡镇的占比，增强文明村镇创建实效；加强"首都文明示范村""北京最美乡村""生态文明村"评选，推进农村精神文明建设深入开展。其次，培育文明乡风，倡导道德规范。发挥农村优秀村干部、道德模范、身边好人等人的威望，运用乡规民约、村规家训等乡风教化资源，引导农民自我约束、自我管理、自我提高；大力整治农村黄赌毒、封建迷信、非法宗教等问题，严厉打击黑恶势力，把不良风气压下去，涵育文明乡风。最后，传承农村历史文化和乡村文明。加强对农村历史文化的保护和发展，发展地方戏曲、乡情村史陈列室，使优秀民间文化活起来、传下去；运用好春节、元宵、清明等传统节日，组织开展花会、灯会、庙会等民俗文化活动，让农村更具情感寄托。

改善人居环境，加强新型农村社区建设，完善乡村治理。2015年1月，习近平总书记在云南考察时强调："新农村建设一定要走符合农村实际的路子，遵循乡村自身发展规律，充分体现农村特点，注意乡土味道，保留乡村风貌，留得住青山绿水，记得住乡愁。"[1]良好的生态环境和村容村貌既直观反映农村文明程度，也是美丽乡村的外在表现。[2]建设美丽乡村，要从改善农村环境抓起，全面实施村庄环境综合整治等工程，让农民享受到良好的人居环境。党的十八大以来，北京一直围绕补齐农村发展短板，着力改善农村人居环境，加快发展乡村旅游和休闲农业，抓好特色镇村建设和新型农村社区建设，乡村治理机制进一步健全。首先，加大农村环境综合整治。落实《提升农

---

[1]《习近平在云南考察工作时强调：坚决打好扶贫开发攻坚战》，新华社，2015年1月21日，http://www.gov.cn/xinwen/2015—01/21/content_2807769.htm。

[2] 刘奇葆：《以美丽乡村建设为主题 深化农村精神文明建设》，《党建》2015年第9期。

村人居环境推进美丽乡村建设的实施意见（2014—2020年）》，推进农村减煤换煤、清洁空气行动，实施农村电网改造、农村住宅抗震节能改造，加大农村污水处理力度，抓好村庄绿化美化，搞好村庄环境综合整治，力争到2020年郊区农村基本建成绿色低碳田园美、生态宜居村庄美、健康舒适生活美、和谐淳朴人文美的美丽乡村。其次，完善乡村治理机制。坚持党政主导、农民主体、村民自治、社会协同的乡村治理机制，试点开展社会工作服务站、乡贤社会服务中心建设，加强基层党组织建设，积极推进协同共治；健全村民代表会议（村民会议）制度和决策规程，推广"四议一审两公开"工作法，深化村务监督委员会规范建设。最后，发展乡村旅游和休闲农业。加快农业供给侧结构改革，创建国家级现代农业示范区，创新发展"互联网+"现代农业模式，培育农产品电商企业和电商平台，推动都市型现代农业融合发展；贯彻《关于加快休闲农业和乡村旅游发展的意见》，打造集农事体验、娱乐休闲、健康养老等为一体的乡村旅游精品，不断丰富乡村旅游业态和产品。

（二）建立高质量、供需对接、覆盖城乡的公共文化服务一体化

党的十八届三中全会提出，构建现代公共文化服务体系，实现基本公共文化服务的标准化、均等化。2015年1月，中共中央办公厅、国务院办公厅印发的《关于加快构建现代公共文化服务体系的意见》指出，"促进城乡基本公共文化服务均等化。把城乡基本公共文化服务均等化纳入国民经济和社会发展总体规划及城乡规划。根据城镇化发展趋势和城乡常住人口变化，统筹城乡公共文化设施布局、服务提供、队伍建设、资金保障，均衡配置公共文化资源"。统筹农村文化服务设施阵地建设，加大农村优质文化产品和服务供给，推动农

村基本公共文化服务标准化、均等化，把农民群众的基本文化权益实现好维护好发展好，[1]是我国当前城乡公共文化服务均等化、农村公共文化服务体系建设的基本任务。近些年，北京以城乡同步为着力点，优化城乡公共文化设施规划布局，着力推动基层公共文化服务均等化、公共文化服务体系建设一体化。截至2018年，市、区、乡镇（街道）和行政村（社区）四级公共文化服务设施共计7131个，覆盖率达98.85%[2]，现代公共文化服务体系建设积极推进，农村公共文化服务能力增强，城乡文化交流逐渐常态化。

优化城乡公共文化设施布局，完善基层综合性文化服务。积极推进城乡公共文化设施建设，优化城乡公共文化设施布局，是完善公共文化服务和建设公共文化服务体系的重要内容。经过多年发展，北京城乡公共文化基础设施总体水平在全国处于领先地位，多级公共文化设施的空间服务网络日渐成熟。然而，城乡公共文化设施分布不均衡，中心城区和城市北部区域分布相对集中，规模和数量较大，而远郊区、城市南部区域相对滞后，人均拥有量不足，[3]需要进一步优化提升北京城乡公共文化设施布局。首先，加强顶层设计和战略规划。把城乡基本公共文化服务均等化、一体化建设纳入北京市经济社会发展总体规划及城乡规划，并且根据首都战略定位、城乡常住人口变化和副中心规划等，统筹城乡公共文化设施布局、服务提供、队伍建设、资金保障等，均衡配置城乡公共文化资源。其次，提高公共文化设施覆盖面。公共文化设施的空间布局决定了市民享受公共文化服务的效益和

---

[1] 刘奇葆：《以美丽乡村建设为主题 深化农村精神文明建设》，《党建》2015年第9期。
[2]《图片报道》，《人民日报》2019年6月20日。
[3] 陆小成：《北京公共文化设施空间布局探析》，《中国国情国力》2017年第6期。

质量，除了增加区级和农村地区的公共文化设施建设规模，逐步改善和提升公共文化服务质量，还可以结合城市疏解整治工作和乡镇新农村建设工作，积极推动疏解后腾退的空间用于公共文化服务。最后，大力推动文化资源向基层和农村倾斜。提升村镇综合文化中心、文化室等基层公共文化设施的建设管理水平及使用效率，打通基层公共文化服务"最后一公里"；积极推进城乡联建"结对子""种文化"，加强文化志愿服务，加强城市对农村文化建设的帮扶，引导城市文化资源向农村地区流动，增强农村基层文化活力。

加强公共文化资源整合，进一步提高城乡文化综合服务的效能。公共文化资源是公共文化服务的有机组成部分，是公共文化服务体系建设的前提条件，也是建设现代公共文化服务体系的重要基石。只有合理有效地整合公共文化资源，优化公共文化资源配置，才能充分发挥公共文化服务的效能，才能更好地建立现代化公共文化服务体系。北京在公共文化资源整合上，坚持把握好首都"都"与"城"的关系，统筹协调，坚持以人民群众文化需求为导向，有效对接、精准服务，有效地把丰富的文化资源整体纳入到公共文化服务体系的框架中去，基本形成具有吸引力的公共文化资源，有效确保城乡居民文化生活更加丰富多彩。首先，以需求为导向，创新文化服务方式和手段。深入倾听基层群众的心声，根据城乡居民的不同文化需求量身定做文化产品，采取"菜单式""订单式""点单式"等服务方式，实现心贴心的优质服务，推动实现公共文化服务供需的有效对接，使公共文化服务更有针对性、更为高效。其次，推动村镇公共文化设施资源共建共享。加强工作统筹，采取盘活存量、调整置换、集中利用等多种方式，推动各村镇普遍建成集宣传文化、党员教育、科学普及、普法教育、体育健身等功能于一体，资源充足、设备齐全、服务规范、保障有力、群众满意度较高的基层综合性文化服务中心。最后，加强京津冀城乡公共文化合作协同。以深化合作为牵引，支持京津冀公共文化服务示范走廊发展联盟建设，确定和实施一批公共文化服务项目，更好发挥三地文化部门联席会议制度作用，拓展公共文化资源空间，完善京津冀三地公共文化协同发展机制。

创新公共文化服务运行机制，实现城乡文化服务互联互通。现代公共文化服务体系是指，公共文化设施网络全面覆盖、互联互通，公共文化服务的内容和手段更加丰富，服务质量显著提升，公共文化管理、运行和保障机制进一步完善，政府、市场、社会共同参与公共文化服务体系建设的格局逐步形成，人民群众基本文化权益得到更好保障，基本公共文化服务均等化水平稳步提高。北京构建现代公共文化服务体系，既是保障和改善民生的重要举措，也是建设全国文化中心的必然要求。因此，北京现代公共文化服务体系建设，要统一公共文化设施和服务，改善城乡基层公共文化服务条件，提高基层公共文化服务供给能力和水平，而且还要确保城乡居民共享文化发展成果，创新公共文化服务运行机制，实现城乡文化服务互联互通。首先，充分利用中央单位文化资源优势。加强央地文化合作共建，建设公共文化资源库，加强中央和地方公共文化资源的联动，提升首都公共文化服务质量；推动各区通过完善国家级图书馆、博物馆、科技馆等基本公共文化服务设施，推进高雅艺术进乡镇活动，实现城乡公共文化服务资源整合和互联互通。其次，创新机制，促进供需进一步对接。健全公共图书、文化活动、公益演出三大服务配送体系，推进农村电影放映工程、全民阅读工程、万场演出下基层工程等，按照方便群众、经济适用、注重实效的要求，引导城市文化资源参与乡村公共文化服务项目规划建设、管理监督。最后，以文化科技为抓手，创新管理服务运行机制。统筹利用互联网、广播电视网、微信公众号等，综合实施全市数字化图书馆、数字文化社区等重点项目，打造公共文化服务云系统和云平台，构建公共数字文化资源库群，实现网上网下互联互通、共建共享。

四、推动文化"走出去"，提升首都北京国际影响力

（一）立足国际交往中心功能，展示首都北京文化魅力和当代中国优秀文化

随着改革开放的不断深入，北京取得了举世瞩目的成就，发生了翻天覆地的变化，北京在向世界展示自己自信和魅力的过程中，逐渐影响世界，并开始改变世界，北京的经济发展对全球国际交往中心发展格局产生重大影响。在这一进程中，北京作为国际交往中心的地位、功能也逐渐清晰、完善。首都北京是我国内外交往的桥梁和纽带，它的国际交往能力是我国政治经济文化发展水平的综合体现。习近平总书记强调："要注重塑造我国的国家形象，重点展示中国历史底蕴深厚、各民族多元一体、文化多样和谐的文明大国形象，政治清明、经济发展、文化繁荣、社会稳定、人民团结、山河秀美的东方大国形象，坚持和平发展、促进共同发展、维护国际公平正义、为人类做出贡献的负责任大国形象，对外更加开放、更加具有亲和力、充满希望、充满活力的社会主义大国形象。"[1] 国际交往中心是北京首都城市战略定

---

[1] 习近平：《建设社会主义文化强国 着力提高国家文化软实力》，《人民日报》2014年1月1日。

位之一，是首都功能的重要组成部分。新形势下，落实城市战略定位，要优化提升首都核心功能，强化北京国际交往功能，展示大国首都文化魅力，推动京津冀区域建设成为世界级城市群，使当代中国形象在世界上不断树立和闪亮起来。

强化国际交往功能，全面提升服务国际交往的软硬件水平。根据《北京城市总体规划（2016年—2035年）》，国际交往中心建设要着眼承担重大外交外事活动的重要舞台，服务国家开放大局，发挥向世界展示我国改革开放和现代化建设成就的首要窗口的作用。发达的国际交流硬件设施和高品质的国际交往服务是北京国际交往中心建设的基础指标。1980年，"国际交往中心"一词正式出现在北京总体规划文件中，此后随着1990年亚运会、1998年至2002年的中非合作论坛、北京2000年部长级会议、2008年第29届夏季奥林匹克运动会等一系列国际活动和赛事的举行，北京国际化水平加速推进，对外交往活动急剧增加，逐步奠定了建设具有中国特色国际大都市的基础。[1] 当前，中国特色大国外交事业正在蓬勃开展，北京国际交往中心的核心战略定位引领着北京的发展方向，新时期北京国际交往中心建设具有了新的使命。首先，提高国家总体外交服务能力。协助中央单位搞好国际会议接待，主场举办国际活动和国际会议，完善国际交往的硬件设施，如修建大兴国际机场、雁栖湖国际会议中心等；提高国际交往的软件服务水平，方便外籍人士来京旅游、工作、投资等。其次，提高国际化公共服务能力。加快建设国际社区，增加具有国际特色的公共文化交往活动、文化消费和文化体验等，方便外籍人员在北京生活；提高基层政府和单位

---

[1]《刘波：全面推进北京国际交往中心建设》，宣讲家网，2018年7月18日，http://www.71.cn/2018/0718/1009794.shtml。

涉外服务管理水平，提高市民国际礼仪水平，让外籍人士感受北京城市魅力。最后，举办好国际体育赛事。以筹办2022年冬奥会和残奥会等重大体育活动为契机，增强与国际体育组织密切合作，建好冬奥会所需场馆，加强赛事的筹备、宣传和推广工作，向全世界发出诚挚邀请。

全方位对外开放，以产业竞争国际化带动国际交往世界化。不断拓展对外开放的广度和深度，积极培育国际合作竞争新优势，加强科技和人文交流，形成全方位对外开放新格局，是北京国际文化中心建设的重要目标。我国经济进入新常态后，面对当前意识形态领域斗争复杂，国家安全面临新情况的外部环境和经济社会发展中的困难和挑战，更加需要扩大对外开放。"不断扩大对外开放、提高对外开放水平，以开放促改革、促发展，是我国发展不断取得新成就的重要法宝。"[1]北京在建设国际文化中心过程中，要以更加开放包容的姿态，加强同世界各国的互容、互鉴、互通，不断提高对外开放水平，同时，彰显北京自信，讲述好中国故事，阐释好中国特色，让全世界都能听到、听清、听懂中国的声音。首先，夯实国际市场基础。出台有效措施吸引国际组织、跨国公司总部、国际会议等国际高端要素集聚北京，培育重大国际会议和国际影响力强的文化、科技、体育等活动品牌，积极吸引国内外会展落户；服务高端国际交流平台，优化国际化服务环境，加快推进服务标准、规则、法规与国际接轨。其次，提升开放性经济水平。积极参与"一带一路"建设，建立与亚投行、丝路基金等平台的对接机制，加强与沿线国家的关键通道建设；利用服务业扩大开放综合试点契机，搭建起与国际规则相衔接的服务业扩

---

[1]《加快实施自由贸易区战略 加快构建开放型经济新体制》，《人民日报》2014年12月7日。

大开放的基本框架;引进环球主题公园项目。[1] 最后,培养优秀国际人才。加大对涉外专业人才的培养力度,发挥首都高校集聚优势,与高校开展联合办学,培养新形势下首都经济社会外事工作需要的专业人才;加强对涉外旅游的管理,提高接待入境游客服务水平,使旅游成为北京对外展示中国魅力的重要推动力量。

深化城市间合作和交流,支持民间团体开展对外文化交流。文化交流是国家与国家、城市与城市之间互动的基础。城市间通过深化多领域的合作,加强交流互动,有利于提升城市影响力,展现城市形象,而城市中的民间组织能够在不同国家、城市间搭建沟通的桥梁,推动各国、各城市在实践中加强合作,这种方式已发展成为官方外交强有力的补充。北京自改革开放以来在经济、社会、文化、外交等各个层面加强与不同城市之间的对话和合作,推动了全方位对外开放格局的形成,进一步释放了国际交往活力,截至2019年11月,北京已与50个国家的55个城市建立了友好城市关系,"朋友圈"遍布全球。[2] 首先,寻求民间文化交流的突破。在文化合作交流活动中,实行政府引导、民间组织主导的工作机制,把任务放手交给民间;尊重市场规律和民众需求,加强沟通和协调,注重方式方法,达到推进文化交流、拉近双方情感、加强文化融合的目的。其次,借助多种媒介开展文化交流。例如以摄影为媒介,让外籍人士在创作中体验北京文化。例如,2017年6月,来自俄罗斯、巴西等14个国家的20多名外国专家走进大兴南海子公园进行拍摄,拍摄之余,他们还与北京的书法家们一起挥毫泼墨,观看以南海子历代诗作为内容的书法长廊,参观国家新媒体产

---

[1] 刘波:《北京国际交往中心建设的现状及对策》,《前线》2017年第9期。

[2] 《40年,北京的友城"朋友圈"遍布全球》,《参考消息》2019年11月8日。

业基地等，既学习、欣赏了中国传统文化和自然风光，又了解了北京的发展和变化。"外国友人眼中的北京"摄影文化活动启动于2009年，[1]迄今为止已举办了10届，受到了热烈欢迎。最后，加强北京与其他城市的文化领域合作。加强在北京举办的各种国际艺术节、文化节，如"中国·宋庄艺术节""北京国际音乐节""北京国际电影节"等国际活动，推动大型国际文化艺术节的运营实现常态化、专业化、国际化，不断优化运营团队的常态化、资料库和可持续发展策略等，提升北京城市文化品质。

（二）提高首都北京文化软实力，增强国际话语权，扩大中华文化的影响力

文化作为国家的软实力，越来越成为国际竞争的核心，它不仅能够展示一个国家的形象和内涵，而且还能够作为一种产业，带来巨大的经济社会效益。因此，在加强国际文化交流的过程中，要积极推动文化"走出去"战略。文化"走出去"是建设文化强国、增强国家文化软实力的必经之路，也是提升国家文化竞争力，进一步加强对外交往的重要内容。新形势下，不断推动文化"走出去"战略，意义十分重大。当今的北京是北京的北京，也是中国的北京，更是世界的北京，北京建设全国文化中心和国际交往中心，应积极推动文化"走出

---

[1]《浅谈民间对外交流》，《法制晚报》2017年5月26日；《2017"外国友人眼中的北京"摄影文化活动启动》，北京市人民对外友好协会网站，2017年7月7日，http://www.bjyx.org.cn/portal/yxportal/articl.php?portal_id=12&column_id=68&content_id=1396；《市友协举办"描绘新北京"——2018外国友人眼中的北京摄影文化活动颁奖式暨在京外国人交流会》，北京市人民对外友好协会网站，2018年12月25日，http://www.bjyx.org.cn/portal/yxportal/articl.php?portal_id=12&column_id=68&content_id=1568。

去"战略,重视对外文化传播,传播好中华文化,努力展示中华文化独特魅力和文化自信,向世界展现一个真实、立体、全面的中国首都形象,提升国家文化软实力和中华文化影响力。

加快发展对外文化贸易,扩大文化产品服务出口,提升文化竞争力。积极推动对外文化贸易,有利于传播中华优秀文化,输出社会主义核心价值观,还能够加快经济发展方式转变,拓展文化发展空间,提高对外贸易发展质量。近些年,我国对外文化贸易规模不断扩大,结构逐步优化,贸易逆差逐渐缩小,文化产业的国际竞争力和影响力明显提高。尤其是2014年3月《关于加快发展对外文化贸易的意见》的出台,标志着对外文化贸易政策支持体系基本形成。北京文化资源丰富,文化底蕴深厚,文化产业尤其是文化创意产业发展较早,对外文化贸易发展很快。文化贸易额从2006年的12.65亿美元提高至2017年的51.2亿美元。2018年北京市文化贸易进出口总额达60.2亿美元,同比增长17.5%[1]。新形势下,北京应抓住机遇,深入开展对外文化贸易活动,进一步推动文化产品与服务"走出去"。首先,发挥政策作用,加强对外文化贸易品牌建设。加强政府引导,积极培育具有北京特色、中国特色、面向国际化发展的新型文化贸易企业;完善对外文化贸易相关法律体系,给予优惠政策,鼓励北京文化企业与新媒体技术企业联合,在发展初期就面向国际文化贸易市场。[2] 其次,加大国际文化市场开拓力度。有效发挥首都文化和中国传统文化魅力,抓住文化交流带来的关注机遇,及时跟进,争取以较低成本快速进入境外市场;

---

[1]《北京文化贸易2018年进出口额60.2亿美元》,《北京日报》2019年5月28日。
[2] 武晓荣、乔东亮:《世界城市背景下北京文化贸易现状分析与对策研究》,《北京联合大学学报》(人文社会科学版) 2014年第3期。

建设国际营销网络，为文化产品进入国际市场创造条件，在境外开展文化领域投资合作，积极参加书展、电影展、设计展等国际文化展会。最后，参加国际文化贸易规则协商和谈判。明确参加国际文化贸易规则谈判的基本立场和基本诉求，统筹衡量保护文化多样性、突出自身文化特色、推进国际文化贸易，为推动北京文化贸易产品和服务顺利走向国际市场提供保护。

加强文化对外传播，展现中国精神、彰显文化自信、塑造国家形象。文化传播是文化软实力的重要组成部分，提升对外文化传播能力可以有效增强文化软实力。北京是中国首都，代表国家形象，在进行对外文化传播时，尤其要注意构建好话语体系，创新方式方法，加强文化自豪感和自觉性，也要对歧视或妖魔化中国文化的言论给予坚决反击，使文化成为北京走向世界最闪亮的名片。首先，创作好中国故事。突出中华文化思想内涵和传统观念，打造更多精品力作，推广中华优秀传统文化历史典故，组织对外翻译优秀学术成果和文化精品，建设传统文化对外交流品牌；升级传播技术手段，拓展海外传播平台和渠道，提升中华文化海外传播的覆盖面。其次，阐释好中国特色。第六次中国国家形象全球调查（2018）显示，中餐、中医药、武术是海外受访者认为最能代表中国文化的元素（所占比例分别为55%、50%和46%）[1]。利用好这些中华文化品牌，打造中华文化"走出去"的精品。最后，提出中国主张。加强在全方位、多层次、宽领域开展对外宣传，发挥境外驻京媒体的积极作用，塑造展示良好的首都形象；建设国家新闻发布平台，提升重点媒体国际

---

[1]《中国国家形象全球调查报告2018》，光明网，2019年10月18日，http://theory.gmw.cn/2019-10/18/content_33244879.htm。

传播能力，推动国际上形成正确的中国观。

培育有中国特色的制造文化，以科技创新引领新时代中国发展力量。工业是强国之本，文化是民族之魂。工业文化是伴随着工业化进程而形成的、渗透到工业发展中的物质文化、制度文化和精神文化的总和，对推动工业由大变强具有基础性、长期性、关键性的影响。大力发展工业文化是提升中国工业综合竞争力重要的手段。当前，我国已跃居世界第一制造大国，中国科技创新能力赢得了国际认可，据第六次中国国家形象全球调查（2018）显示，海外受访者对中国产品、科技发明的认可度高于国内受访者；66%的海外受访者对中国的科技创新能力表示认可；高铁（43%）是海外认知度最高的中国科技成就，其次是超级计算机（23%）和载人航天技术（22%）。[1] 当前我国工业发展已经开启新征程，亟须与之相适应的工业文化来支撑"中国制造2025"。北京认真落实《中国制造2025》，转换制造业发展领域，聚焦创新前沿、关键核心、设计创意等高精尖产品，实现"在北京制造"到"由北京创造"的转型。首先，弘扬新时代的中国制造精神。进一步激发和保护企业家精神，弘扬劳模精神和工匠精神，践行创新精神，倡导敬业精神，加强诚信文化，宣传制造工业的优秀代表人物，为建设制造强国提供强大的精神动力。其次，保护和发展好工业遗址。推动工业遗产资源合理利用，深入挖掘二七工业遗产、首钢工业遗址、北京印钞厂等的文化内涵和作用，加快"工业大院"改造；做好城市更新改造、功能疏解等工作，将腾退的工业用地根据相关规划优先用于发展文化产业。最后，推进制造业高质量发展。大力发展电子信

---

[1]《中国国家形象全球调查报告2018》，光明网，2019年10月18日，http://theory.gmw.cn/2019-10/18/content_33244879.htm。

息、生物医药、航空航天、新能源、节能环保等战略性新兴产业,推动绿色制造、智能制造,推动制造业不断提档升级;以科技创新为引擎,发挥工业设计引领作用,提升工业品品质,提高文化核心技术装备制造水平,推动文化装备制造技术"走出去"。

参考文献

著作：

[1]《列宁选集》第3卷，人民出版社1995年版。

[2]《邓小平文选》第3卷，人民出版社1993年版。

[3] 北京卷编辑部：《当代中国城市发展丛书·北京》(上)，当代中国出版社2011年版。

[4]《当代中国的北京》编辑委员会编：《当代中国的北京》(上)，当代中国出版社、香港祖国出版社2009年版。

[5]《当代中国的北京》编辑委员会编：《当代中国的北京》(下)，当代中国出版社、香港祖国出版社2009年版。

[6] 曹子西、于光度：《北京通史》第10卷，北京燕山出版社2012年版。

[7] 习近平：《之江新语》，浙江人民出版社2007年版。

[8] 习近平：《习近平谈治国理政》，外文出版社2014年版。

[9] 习近平：《习近平谈治国理政》第1卷，外文出版社2018年版。

[10] 中共中央文献研究室编：《三中全会以来重要文献选编》(上)，人民出版社1982年版。

[11] 中共中央文献研究室编：《十八大以来重要文献选编》(上)，中央文献出版社2014年版。

[12]中共中央文献研究室编:《十八大以来重要文献选编》(中),中央文献出版社2016年版。

[13]中共中央党史和文献研究院编:《十八大以来重要文献选编》(下),中央文献出版社2018年版。

[14]中共中央宣传部编:《习近平总书记系列重要讲话读本》,学习出版社、人民出版社2014年版。

[15]中共中央文献研究室编:《习近平关于全面深化改革论述摘编》,中央文献出版社2014年版。

[16]中共中央文献研究室编:《习近平关于协调推进"四个全面"战略布局论述摘编》,中央文献出版社2015年版。

[17]中共中央文献研究室编:《习近平关于全面建成小康社会论述摘编》,中央文献出版社2016年版。

[18]中共中央文献研究室编:《习近平关于全面从严治党论述摘编》,中央文献出版社2016年版。

[19]中共中央文献研究室编:《习近平关于科技创新论述摘编》,中央文献出版社2016年版。

[20]中共中央文献研究室编:《习近平关于社会主义生态文明建设论述摘编》,中央文献出版社2017年版。

[21]中共中央文献研究室编:《习近平关于社会主义文化建设论述摘编》,中央文献出版社2017年版。

[22]中共中央宣传部编:《习近平新时代中国特色社会主义思想三十讲》,学习出版社2018年版。

[23]本书编写组:《思想道德修养与法律基础》(2018年版),高等教育出版社2018年版。

[24]李建盛主编:《北京文化发展报告(2017~2018)》,社会科学文献出版社2018年版。

[25]李建盛主编:《北京文化发展报告(2018~2019)》,社会科学文献出版社2019年版。

[26]施昌奎主编:《北京公共服务发展报告(2018~2019)》,社会科学文献出版社2019年版。

[27]北京文化发展研究基地编著:《北京文化发展报告(2017)》,北京燕山出版社2018年版。

[28]张京成主编:《北京文化创意产业发展报告(2017)》,社会科学文献出版社2017年版。

[29]张京成主编:《北京文化创意产业发展报告(2018)》,社会科学文献出版社2018年版。

[30]北京师范大学北京文化发展研究院编:《北京文化发展报告(2013—2014年)》,文化艺术出版社2014年版。

[31]余潇枫:《国际关系伦理学》,长征出版社2002年版。

[32]张凤铸等:《全球化与中国影视的命运——首届中国影视高层论坛论文集》,北京广播学院出版社2002年版。

[33]上海证大研究所编:《文化大都市:上海发展的战略选择》,上海人民出版社2008年版。

[34]周小华、傅治平:《重塑文化之都——北京市文化体制改革探讨》,知识产权出版社2010年版。

[35]高福民、花建主编:《文化城市:基本理念与评估指标体系研究》,商务印书馆2012年版。

[36]北京市人大常委会教科文体卫办公室、北京市人大常委会研究室编著:《推进全国文化中心建设》,红旗出版社2012年版。

[37]李建盛等:《中国特色社会主义先进文化之都建设研究》,知识产权出版社2012年版。

[38]杨吉华:《文化的创新》,人民日报出版社2013年版。

[39]冯鸿:《当代中国社会主义经济》(第3版),企业管理出版社2014年版。

[40]魏晓燕:《高技术社会消费伦理研究》,人民日报出版社2014年版。

[41]刘瑾:《首都文化竞争力研究》,中国社会科学出版社2015年版。

[42] 北京市文化发展中心编:《文化北京:北京文化中心建设课题研究(总报告)》新华出版社2015年版。

[43] 范建华:《中国文化产业发展史》,云南人民出版社2016年版。

期刊:

[1] 余潇枫:《"和合主义":中国外交的伦理价值取向》,《国际政治研究》2007年第3期。

[2] 王琳:《文化创新与构建有中国特色新文化体系》,《天津大学学报》(社会科学版)2008年第3期。

[3] 孔建华:《北京市的文化经济政策及二次文化产业》,《城市问题》2009年第2期。

[4] 邓显超:《关于建立新时期文化创新体系的若干思考》,《江西理工大学学报》2010年第4期。

[5] 吴潜涛、杨俊岭:《全面理解爱国主义的科学内涵》,《高校理论战线》2011年第10期。

[6] 孔建华:《20年来北京文化体制改革的历程、经验与启示》,《新视野》2011年第1期。

[7] 习近平:《继续为实现中华民族伟大复兴的中国梦而努力奋斗》,《党建》2013年第4期。

[8] 苗元华:《当下中国大众文化发展的现实问题及其影响》,《文艺理论与批评》2013年第2期。

[9] 荀洁、徐国源:《当代中国大众文化分类问题刍议》,《长江大学学报》(社会科学版)2013年第9期。

[10] 张国祚:《学习领会习近平关于提高文化软实力的大思路》,《红旗文稿》2014年第20期。

[11]杨凤城:《从"建设高度的社会主义精神文明"到"培育和弘扬社会主义核心价值观"》,《北京党史》2014年第3期。

[12]武晓荣、乔东亮:《世界城市背景下北京文化贸易现状分析与对策研究》,《北京联合大学学报》(人文社会科学版)2014年第3期。

[13]吴祖鲲、王慧姝:《强化优秀传统文化认同 提升中华民族凝聚力》,《红旗文稿》2015年第9期。

[14]戴立兴:《习近平党建思想的特征分析》,《浙江学刊》2015年第3期。

[15]孔一霖、王平:《十八大以来社会主义精神文明理论发展的新特点》,《学术交流》2015年第11期。

[16]周文华:《北京市生态文明建设的成效、问题及对策》,《北京联合大学学报》(人文社会科学版)2015年第3期。

[17]杨晓东、卓杰:《北京"十三五"时期文化产业发展的政策建议》,《智慧中国》2015年第2期。

[18]胡税根、李倩:《我国公共文化服务政策发展研究》,《华中师范大学学报》(人文社会科学版)2015年第2期。

[19]李思屈:《技术与梦想:文化产业发展的新趋势》,《河南社会科学》2015年第8期。

[20]蒋淑媛:《北京现代公共文化服务体系建构研究》,《北京社会科学》2015年第1期。

[21]刘奇葆:《以美丽乡村建设为主题 深化农村精神文明建设》,《党建》2015年第9期。

[22]李爱敏:《"人类命运共同体"理论本质、基本内涵与中国特色》,《中共福建省委党校学报》2016年第2期。

[23]谢文娟:《"人类命运共同体"的历史基础和现实境遇》,《河南师范大学学报》(哲学社会科学版)2016年第5期。

[24]金元浦:《我国当前文化创意产业发展的新形态、新趋势与新问题》,《中国人民大学学报》2016年第4期。

[25]于今:《文化创意产业在城市更新中的进一步思考》,《中国房地产业》2016年第8期。

[26]秦宣:《文化自信实质是中国特色社会主义自信》,《求是》2017年第8期。

[27]冯颜利、唐庆:《习近平人类命运共同体思想的深刻内涵与时代价值》,《当代世界》2017年第11期。

[28]王丹、熊晓琳:《以绿色发展理念推进生态文明建设》,《红旗文稿》2017年第1期。

[29]张祖平:《从〈京华时报〉停刊看报业供给侧改革》,《视听》2017年第2期。

[30]陆小成:《北京公共文化设施空间布局探析》,《中国国情国力》2017年第6期。

[31]刘波:《北京国际交往中心建设的现状及对策》,《前线》2017年第9期。

[32]王晖:《文化科技融合推动北京文创产业升级》,《北京文化创意》2018年第1期。

[33]陶家璇:《张颐武:让大众文化助力文化传播》,《中国政协》2019年第10期。